U0519436

Tu Di Ziyuan Guanli Shixun Jiaocheng

土地资源管理实训教程

主 编 孙 敖

副主编 宋桂君 喻小倩 甘 成 梁 甜

 西南财经大学出版社

中国·成都

图书在版编目(CIP)数据

土地资源管理实训教程/孙敖主编. —成都:西南财经大学出版社,2016.8

ISBN 978 – 7 – 5504 – 2598 – 9

Ⅰ.①土… Ⅱ.①孙… Ⅲ.①土地资源—资源管理—高等学校—教材 Ⅳ.①F301.2

中国版本图书馆 CIP 数据核字(2016)第 200993 号

土地资源管理实训教程

主　　编:孙敖
副主编:宋桂君　喻小倩　甘成　梁甜

责任编辑:邓克虎
封面设计:张姗姗
责任印制:封俊川

出版发行	西南财经大学出版社(四川省成都市光华村街55号)
网　　址	http://www.bookcj.com
电子邮件	bookcj@ foxmail. com
邮政编码	610074
电　　话	028 – 87353785　87352368
照　　排	四川胜翔数码印务设计有限公司
印　　刷	郫县犀浦印刷厂
成品尺寸	185mm ×260mm
印　　张	7.25
字　　数	160 千字
版　　次	2016 年 8 月第 1 版
印　　次	2016 年 8 月第 1 次印刷
印　　数	1— 2000 册
书　　号	ISBN 978 – 7 – 5504 – 2598 – 9
定　　价	25.00 元

前　言

　　土地资源管理专业是具有较强应用性的专业，在教学过程中需要开设大量的实验课程以培养学生的思维能力和动手能力，但实验课程普遍孤立开设，未能以项目形式进行实验整合设计。我们在专业综合实训中以项目为组织单元，整合土地资源管理专业本科课程实验，让学生能在综合实训教学过程中感受项目全流程，培养学生的实际操作能力和项目管控能力，塑造严谨的工作作风。为学生走上工作岗位打下坚实基础，并缩短再培训时间。

　　本书根据土地资源管理专业本科生相关教材和土地资源管理专业"3+1"综合实训课程编写。全书共分为三章，即城镇地籍调查实训、农村土地调查实训和土地利用规划实训。其中：城镇地籍调查实训主要包括全站仪使用、独立坐标系建立、碎部点测量、测站搬迁和南方 CASS 数字测图软件使用等内容；农村土地调查实训主要包括外业调查、创建空间数据库、创建图例、矢量化影像、线转弧造区、属性输入、注记添加和成果输出等实训内容；土地利用规划实训主要包括规划工程的建立、基期数据的转换、规划要素的生成、总规图斑的叠加生成、总规图斑的属性、土地用途管制区、土地整治分区、土地用途分区、提取专题图、出图与数据等实训环节。

　　本书编写人员主要以重庆工商大学融智学院土地资源管理专业的教师为主，第一章由宋桂君和孙敖两位老师撰写，第二章由孙敖和喻小倩两位老师撰写，第三章由甘成和梁甜两位老师撰写。在本书编写过程中还得到了重庆中地信息技术有限公司吴斌工程师的技术支持，在此一并表示感谢。

　　受知识水平、本校教学开展内容以及经费的限制，书中难免有不尽合理和疏漏之处，敬请各位专家、同行提出宝贵意见。

编　者

2016 年 5 月

目　录

第一章
1 城镇地籍调查实训

课程编号：Z22008

课程名称：城镇地籍调查实训

实验总学时数：27 个

适用专业：土地资源管理专业

承担实验室：土地测绘实验室、国土房产信息综合实验室

实验教学的目的和要求

城镇地籍测量的目的在于了解利用全站仪进行地籍测量的基本要领、基本理论和方法，了解城镇地籍测量的基础知识，掌握城镇地籍测量的操作流程。通过本教学实习，要求达到理论联系实际和进一步深化《测量学》与《地籍管理》某些基本理论与内容的目的。掌握城镇地籍测量的工作程序和工作方法，能利用常用的测量仪器、计算机辅助制图软件等常规手段，进行城镇地籍测量的室内外工作；能配合完成小区域范围城镇地籍测量的制图工作并完成宗地图的制作和地籍管理表格的制作与输出。

实验项目一   全站仪地籍测量文件的新建与草图绘制

1. 如图 1-1 所示，点击开机键打开全站仪，点击 ★ 号键，点击 F3 打开下对焦点激光亮度调节，点击【MENU】键可以在三个测距模式间转换（棱镜模式、反光片模式、免棱镜模式），点击【ANG】键可以选择开或关激光指向。

图 1-1   基础设置

2. 安置脚架使脚架平台基本水平，安置全站仪，打开下对焦点，对准地上的已知点，调整脚螺旋使气泡居中。

3. 点击【MENU】-【F1 数据采集】，在【选择测量文件中】选择【F1】输入，在光标闪烁处用右边的键盘输入你想保存的文件名称，然后点击【F4】确认。见图 1-2、图 1-3。

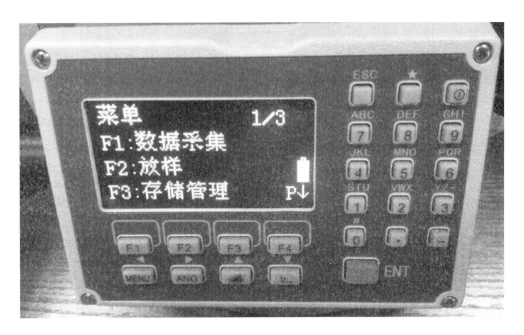

图 1-2　文件名称的设置及进入方式

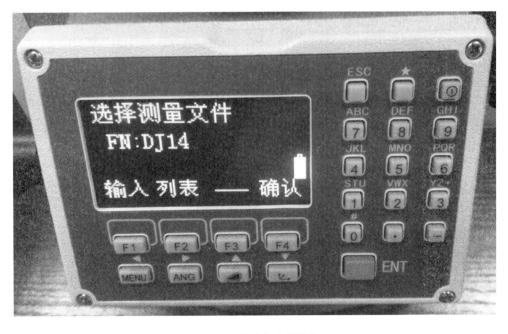

图 1-3　文件名称的输入

4. 用附件城镇地籍测量记录表把所测地物的草图绘制出来。

实验项目二　独立坐标系的建立及碎步点测量

1. 点击黑色三角形图标按钮，进入测距模式（见图 1-4），点击【F2】模式按钮，选择平距（VD）与高差（HD）模式，测量测出站点到已知点间的水平距离（假设为 5 米），把已知点和第一个站点所在的直线假设为 x 轴（暨北方向轴），已知点假设为原点，因此已知点的坐标为（0，0），站点的坐标为（5，0）。

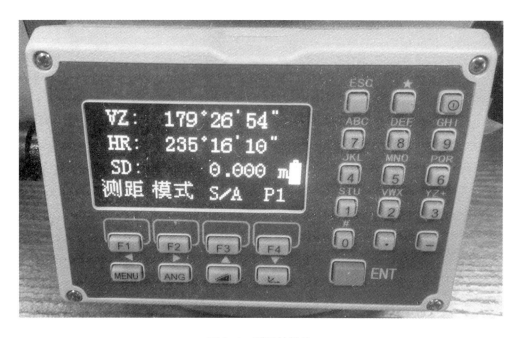

图 1-4　测距的操作

2. 测站设置。先选择自己建好的文件夹，确认后进入测站设置见图 1-5、图 1-6。按照步骤 1 所测得的测站到已知点距离所建立的独立坐标系（见图 1-6），点击【F1】测站设置进入，光标处于【点号】处，再点击图 1-7 中的输入，并输入 1，表示此点为测站点 1，然后光标下移到【标识符】处，输入 CZ 表示该点是一个测站点，然后点【F4】测站进入设置测站点的坐标数据，在图 1-8 中再点击【F3】坐标，进入图 1-9 中的界面把测站坐标设置为（5，0），即在 N 处输入 5、E 处输入 0。

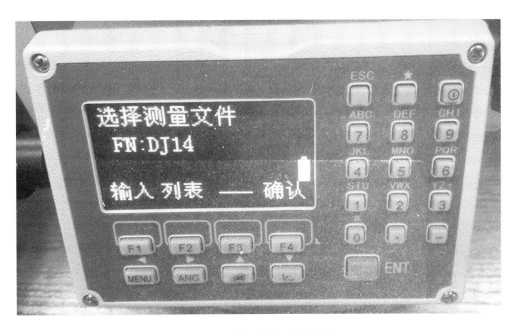

图 1-5　选择测站设置的文件

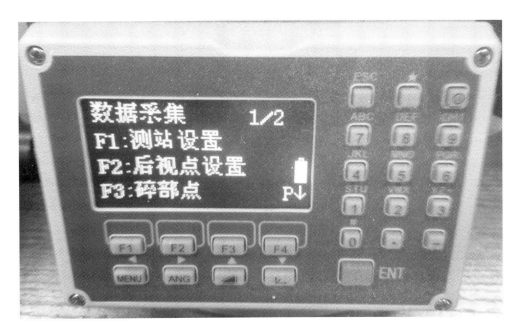

图 1-6　测站设置进入界面

图 1-7 测站点号及标识符的输入界面

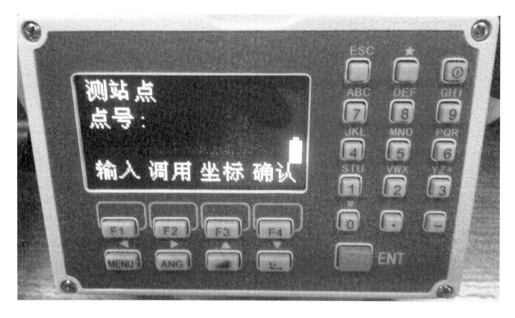

图 1-8 测站点号的输入界面

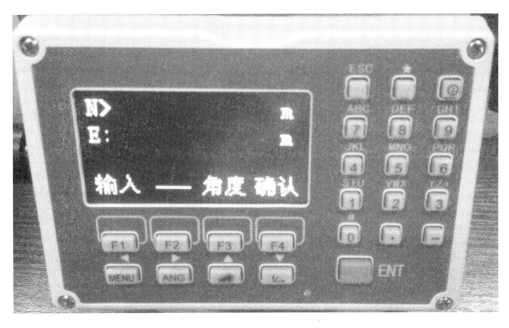

图 1-9 测站点坐标的输入界面

3. 后视点设置，后视点坐标设置为（0，0）。退回如图 1-10 所示界面。点击
【F2】后视点设置。进入界面图 1-11，点击【F3】坐标进入界面（见图 1-12），点击
【F4】后视，进入后视设置界面（见图 1-13），点击【F3】NEAZ 进入后视点坐标设置
界面（见图 1-14），在 N 处输入 0，在 E 处也输入 0，即把后视点坐标设置为（0，0）。

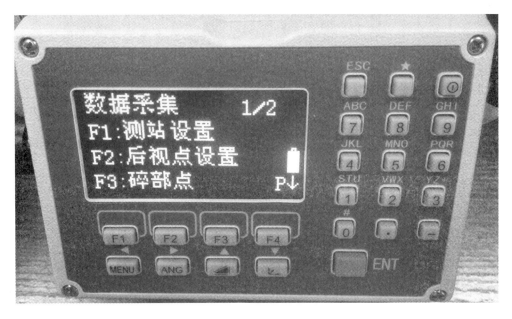

图 1-10 后视点设置进入界面

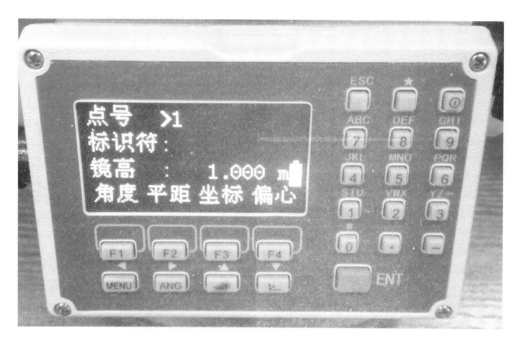

图 1-11 后视点点号及标识符输入界面

图 1-12 后视点坐标输入界面第一步

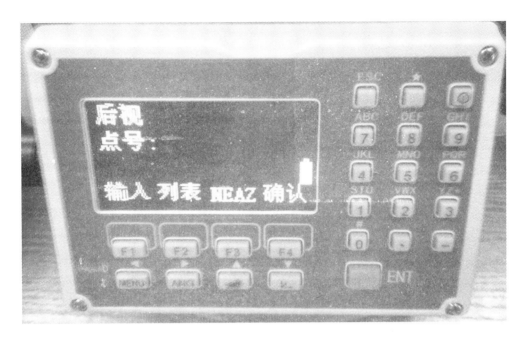

图 1-13　后视点坐标输入界面第二步

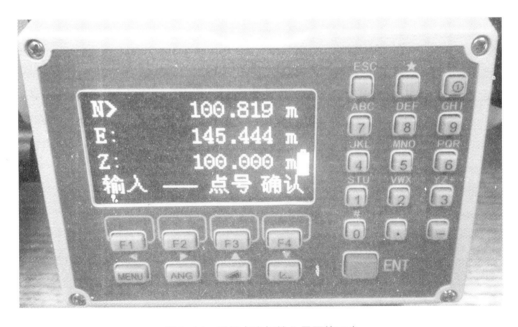

图 1-14　后视点坐标输入界面第三步

4. 进行碎步点测量。退回主界面（见图 1-15），点击【F3】进入碎步点测量界面（见图 1-16），点击【F3】进入碎步点测量界面。

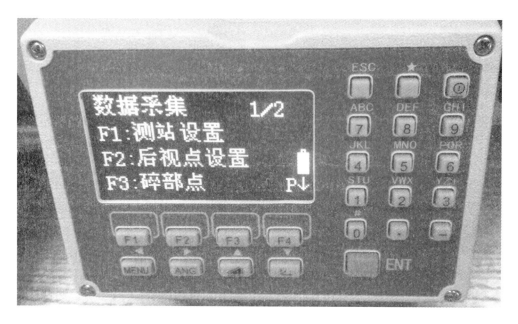

图 1-15　碎步点测量进入界面（一）

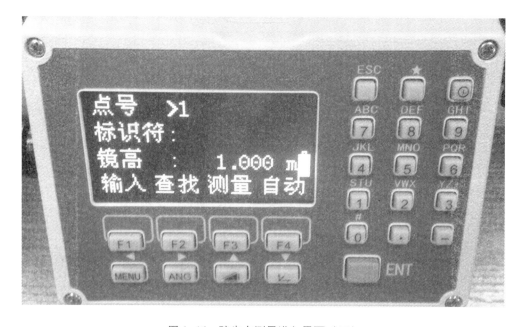

图 1-16　碎步点测量进入界面（二）

实验项目三　测站搬迁的操作步骤

　　把需要架设的第二个站的站点坐标测量出来，然后把站搬至该点，并参考实验项目二的步骤，把测站坐标输入进去；最后选择一个已知点作为后视点，在瞄准后视点后输入该点的坐标数据，并保存。则搬站后的测站设置完成，即可进行新的碎步点的测量，并能保证所有新测点的坐标系统与搬站前的坐标系统保持不变。

实验项目四　南方 CASS 地籍制图与出图

一、从全站仪中导出的 ∗.txt 文件转为 CASS 可以识别的 ∗.dat 文件

1. 双击安装"一光软件"文件夹下的【FOIF 后处理软件 V1.2】软件,安装成功后双击桌面上的【FOIF 后处理软件 V1.2】图标,打开【FOIF 后处理软件 V1.2】,见图 1-17。

图 1-17　双击打开【FOIF 后处理软件 V1.2】

2. 在【仪器类型选择】列表中选择【110】,打开【110 系列全站仪后处理软件】。

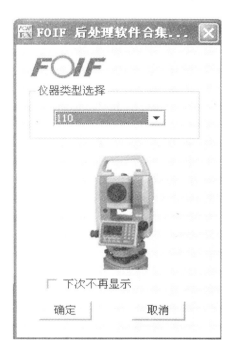

图 1-18　仪器类型选择【110】

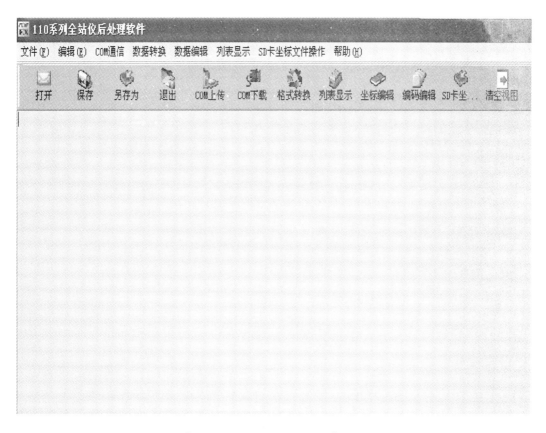

图 1-19 【110 系列全站仪后处理软件】打开后效果图

3. 点击【打开】按钮（见图 1-20），打开从全站仪里拷贝出来的数据，一般为 XX. txt。这里我们使用的数据名为【HT. txt】，打开后的效果如图 1-21 所示。

图 1-20 点击【打开】

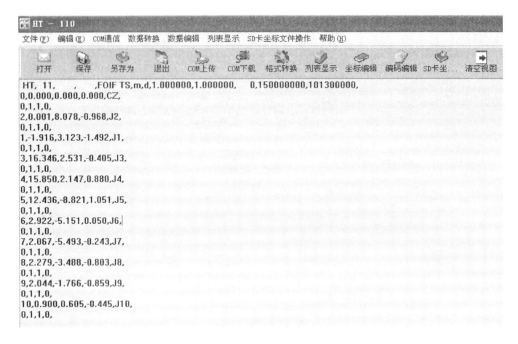

图 1-21　数据打开后效果示意图

4. 选择【列表显示】，弹出【数据列表显示类型选择】窗口，在【数据列表显示类型选择】窗口中选择【SD 卡坐标数据列表显示】，再点击 OK，弹出【列表显示窗口】。

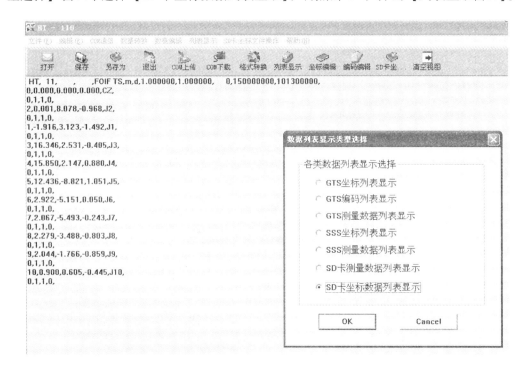

图 1-22　选择【SD 卡坐标数据列表显示】

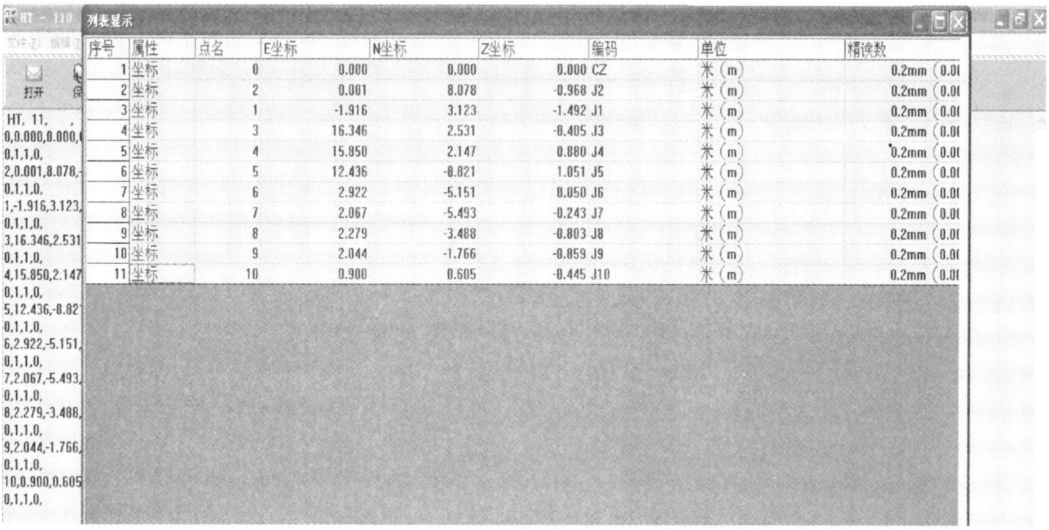

图 1-23　选择【列表显示窗口】

5. 在【列表显示】窗口中在列表框内点击右键并选择【SD 卡格式坐标数据】→【坐标导出】。见图 1-24。

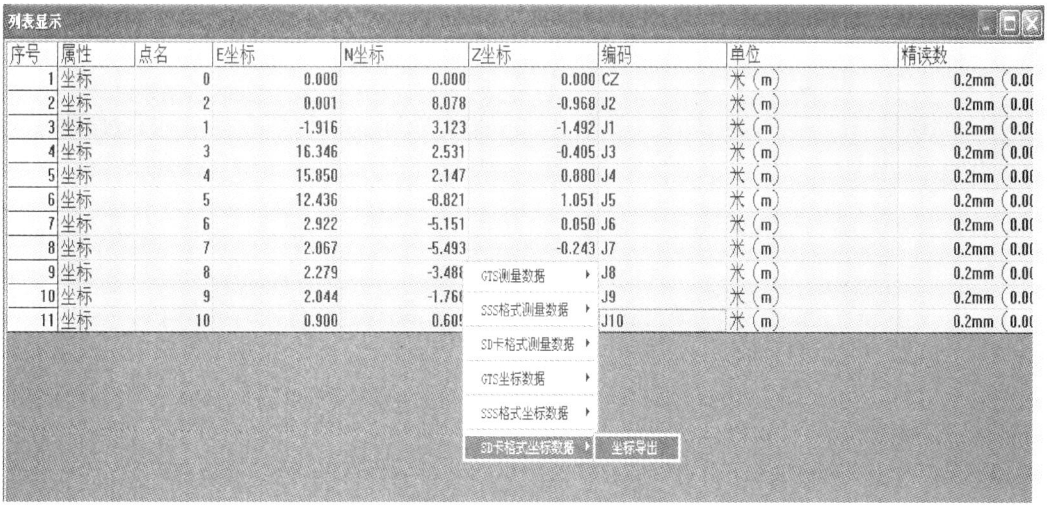

图 1-24　选择【坐标导出】

6. 在【坐标导出格式选择】窗口（见图 1-25）中，【目标数据格式】下拉菜单中选择【PT#，PCode，Y，X，Z】，分隔符为【，】，并通过【浏览】选择数据存储路径。

图 1-25 进行【坐标导出格式选择】

7. 选择存储的文件名和文件类型后，点击保存按钮，坐标数据导出并存储到电脑内。见图 1-26。

注意：一定要将【保存类型设置为 ∗.dat】，否则 CASS 软件无法识别数据。

图 1-26 将数据另存为 ∗.dat 格式，并选择保存位置

8. 导出后将【FOIF 后处理软件】关闭，以减少电脑内存占用量。

二、在 CASS9.0 中绘制平面图

1. 双击桌面上【CASS9.0 For AutoCAD2004】的图标（见图 1-27）打开软件，打开后的界面如图 1-28 所示。

图 1-27　双击【CASS9.0 For AutoCAD2004】的图标打开软件

图 1-28　【CASS9.0 For AutoCAD2004】打开效果图

2.【绘图处理】→【定显示区】→【绘图处理】→【展野外测点代码】→打开导出的 DAT 文件。见图 1-29、图 1-30。

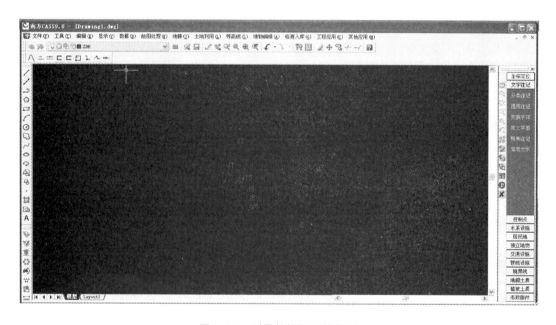

图 1-29 选择要打开的测量数据文件名

图 1-30 测量数据打开效果图

3.【显示】→【工具栏】，在【自定义】窗口中的【工具栏】下找到【绘图】，并打上【√】，打开绘图工具栏。见图 1-31、图 1-32。

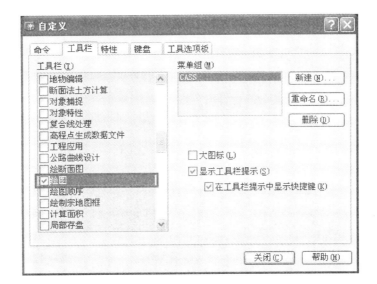

图 1-31　选择【绘图】

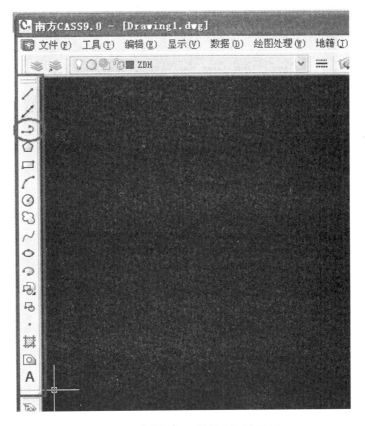

图 1-32　【绘图】工具栏打开效果图

4. 选择【绘图工具栏】中的【多段线】，并打开【对象捕捉】（见图1-33），然后开始绘图。见图1-34。

自动保存到 C:\Documents and Settings\Administrator\Local
Settings\Temp\Drawing1_1_1_2391.sv$ ...
命令：

比例 1:500 -20.1080, -7.8952, 0.0000   捕捉 栅格 正交 极轴 对象捕捉 对象追踪 线宽 模型

图1-33 打开【对象捕捉】

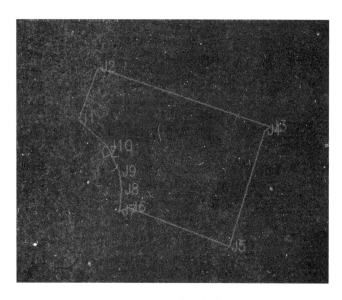

图1-34 平面图绘制成功效果图

三、用复合线生成权属

这种方法在一个宗地即一栋建筑物的情况下特别好用，否则就需要先手工沿着权属线画出封闭复合线。

选择【地籍】菜单下的【权属文件生成】之【由复合线生成】项，输入地籍权属信息数据文件名并选择保存路径后，命令区提示：

选择复合线（按回车键结束）：用鼠标点取一栋封闭建筑物。（在红线上单击）

输入宗地号：输入【0010100001】，按回车键。

输入权属主：输入【重庆工商大学融智学院】，按回车键。

输入地类号：输入【44】，按回车键。

该宗地已写入权属信息文件！

请选择：①继续下一宗地。②退出〈1〉：输入 2，按回车键。

说明：选①则重复以上步骤继续下一宗地，选②则退出本功能。

四、通过权属信息数据文件绘制地籍图

选择【地籍】→【依权属文件绘权属图】，绘制地籍图。见图 1-35。

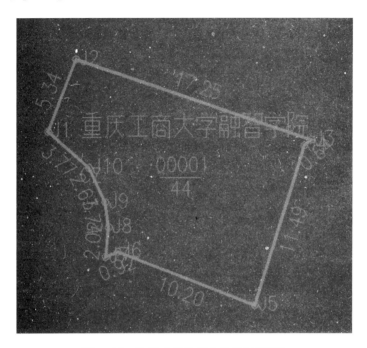

图 1-35　选择【依权属文件绘权属图】

五、修改宗地属性

选取【地籍成图】菜单下的【修改宗地属性】功能。

屏幕提示：

选择宗地：用鼠标点取宗地权属线或注记均可，点中后系统会弹出【修改宗地属性】对话框。见图 1-36。

将土地利用类别由 44 改为 083（科教用地）。

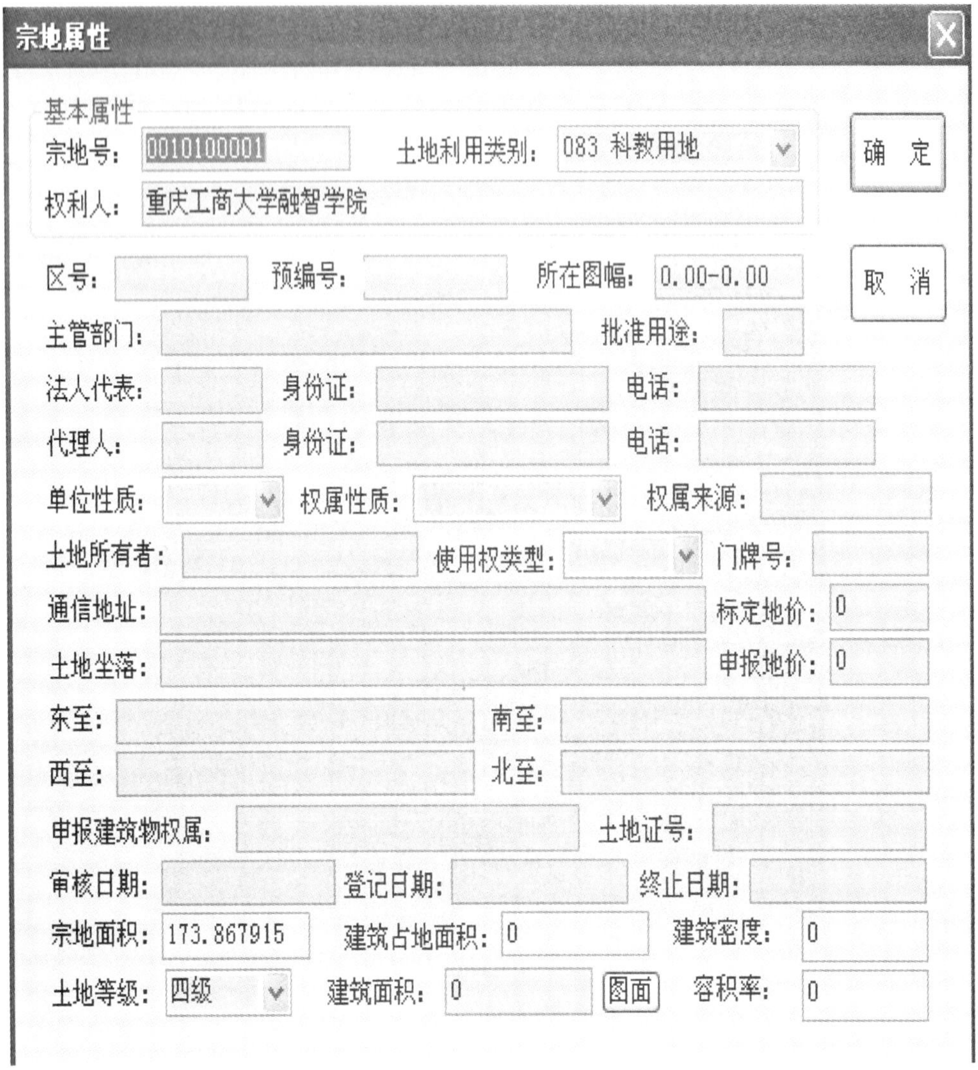

图 1-36 【修改宗地属性】

六、输出宗地图

1. 地籍信息设置

选择【地籍】→【地籍参数设置】，打开【地籍参数设置】窗口，设置地籍相关信息。见图 1-37、图 1-38。

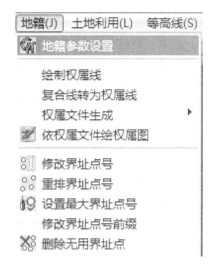

图 1-37　选择【地籍参数设置】

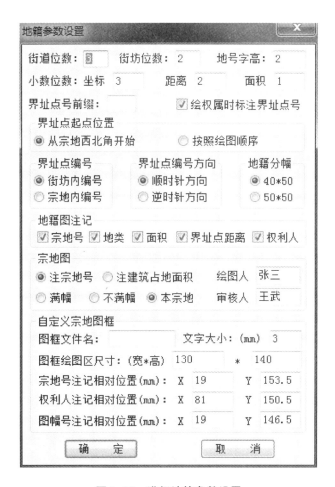

图 1-38　进行地籍参数设置

2. 绘制宗地图框

在菜单栏中单击【地籍】→【绘制宗地图框】→【A4 横】→【单块宗地】，绘制宗地图框。见图 1-39。

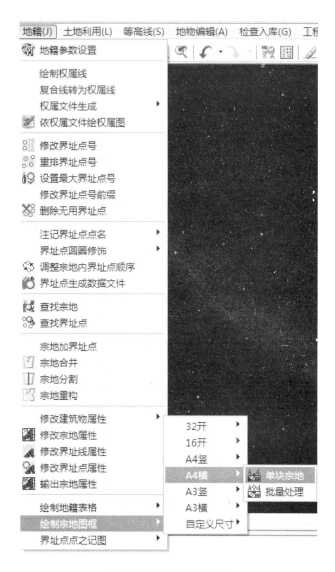

图 1-39　设置宗地图框

3. 输出宗地图

选择菜单栏中的【文件】→【绘图输出】→【打印】，对打印参数进行设置并确定。见图 1-40、图 1-41。

图 1-40　选择【打印】

图 1-41　进行【打印】参数设置

七、绘制地籍表格

1. 界址点成果表

【地籍】→【绘制地籍表格】→【界址点成果表】。

命令区提示：

用鼠标指定界址点成果表的点：用鼠标指定界址点成果表放置的位置。

（1）手工选择宗地；（2）输入宗地号 <1>回车默认选 1。

选择对象：拉框选择需要出界址点表的宗地。

是否批量打印（Y/N）? <N>按回车键默认不批量打印。

用鼠标指定界址点成果表的定位位置，移动鼠标到您所需的位置（鼠标点取的位置即是界址点成果表表格的左下角位置）按下左键，符合范围宗地的界址点成果表随即自动生成。

图 1-42　【界址点成果表】输出效果图

2. 界址点坐标表

选择【地籍】→【绘制地籍表格】→【界址点坐标表】，命令区提示：

请指定表格左上角点：用鼠标点取屏幕空白处一点。

请选择定点方法：①选取封闭复合线；②逐点定位 <1>按回车键默认选 1。

选择复合线：用鼠标选取图形上一代表权属线的封闭复合线。

图 1-43 是【界址点坐标表】输出效果图。

点　号	X	Y	边　长
1	198.573	−106.743	
			5.34
2	203.551	−104.812	
			17.25
3	198.020	−88.471	
			0.64
4	197.621	−88.966	
			11.49
5	186.654	−92.377	
			10.20
6	190.327	−101.893	
			0.92
7	189.984	−102.746	
			2.02
8	191.990	−102.533	
			1.74
9	193.712	−102.772	
			2.63
10	196.086	−103.911	
			3.77
1	198.573	−106.743	
S=173.9 平方米　合0.2608亩			

界址点坐标表

图 1-43　【界址点坐标表】输出效果图

3. 面积分类统计表

选择【地籍】→【绘制地籍表格】→【面积分类统计表】，命令区提示：

输入街道号：输入 001。

弹出对话框要求输入权属信息数据文件名，输入 HT. QS，命令区提示：

输入面积分类表左上角坐标：用鼠标点取要插入表格的左上角点。

图 1-44 是【面积分类统计表】输出效果图。

面积分类统计表

土地类别		面积
代码	用途	
44		173.87
		173.87

图 1-44 【面积分类统计表】输出效果图

4. 街道面积分类统计表

选择【地籍】→【绘制地籍表格】→【街道面积分类统计表】，命令区提示：

输入街道号：输入 001。

弹出对话框要求输入权属信息数据文件名，输入花坛. QS，命令区提示：

输入面积统计表左上角坐标：用鼠标点取要插入表格的左上角点。

图 1-45 是【街道面积分类统计表】输出效果图。

001街道面积分类统计表

土地类别		面积
代码	用途	
44		173.87

图 1-45 【街道面积分类统计表】输出效果图

八、最后需要提交的成果

1. JPEG 格式的宗地图。

2. 地籍表格：

（1）界址点成果表；

（2）界址点坐标表；

（3）面积分类统计表；

（4）街道面积分类统计表。

第二章
2 农村土地调查实训

课程编号：Z22009

课程名称：农村土地调查实训

实验总学时数：50 个

适用专业：土地资源管理专业

承担实验室：土地测绘实验室、国土房产信息综合实验室

实验教学目的和要求

土地调查是指全面查清土地资源和利用状况，掌握真实、准确的土地基础数据，为科学规划、合理利用、有效保护土地资源，实施最严格的耕地保护制度，为加强和改善宏观调控提供依据，促进经济社会全面协调可持续发展。通过本次实训，学生将增强对已学过的《土地调查与土地评价》《地理信息系统》《遥感概论》等专业课程的感性认识，巩固土地资源调查与 GIS 空间数据建库的理论知识，熟悉土地资源调查的工作方法，能够独立完成外业调绘、土地利用数据建库和土地利用现状调查报告的编写。实训完成后需要具备以下能力：

1. 掌握土地利用现状调查、年度变更调查的工作流程和工作思路；

2. 掌握遥感影像图的纠正、标准分幅影像图的制作及影像判读；

3. 掌握利用航片或卫片进行土地利用现状调查、变更调查的技术路线；

4. 掌握土地利用现状调查、变更调查中外业调查的工作内容和工作方法；

5. 掌握土地利用现状调查、变更调查中内业建库的工作内容与工作方法；

6. 掌握利用 MapGIS K9 软件建立土地利用管理信息系统的技术，完成面积统计和制作专题图；

7. 掌握根据调查区域内各类土地利用类型的数量、质量、分布状况，分析当前土地利用存在的问题，并提出有针对性的管理措施。

实验项目一　熟悉调查基本程序及准备相关资料

本次实训主要以重庆工商大学融智学院附近区域为调查目标，以 1∶1 万正射影像图（DOM）为调查底图，按照全国第二次土地调查技术标准，逐地块实地调查土地的地类、位置、范围和面积等利用状况。农村土地调查分为调查和汇总两大部分，主要包括准备阶段、地类调查阶段、外业阶段、内业阶段、成果检查验收和核查等阶段。

1. 准备阶段

调查准备工作包括技术准备、人员准备、资料准备和仪器设备准备等。技术准备主要包括制订实施方案和技术细则等；人员准备主要包括调查队伍的确定、人员的培训；仪器设备准备主要包括全站仪、GPS 接收机、钢（皮）尺、计算机等。

调查准备工作做得越细、越周到、越充分，调查的质量和效率就越高；未准备充分就开展调查，容易导致工作效率低下，甚至增加不必要的返工和重复工作。

2. 资料收集

资料收集主要包括以往调查形成的土地利用数据库、土地利用图、调查手簿、城镇地籍调查图件等资料。

3. 外业阶段

在确定的行政区域调查界线，到实地直接对影像进行识别，将地类、界线以及必要的注记等调查内容调绘，标绘、标注在调查底图上或记录在《农村土地调查记录手簿》上。对于影像上未反映的新增地物，采用测量技术方法予以补测。

4. 内业阶段

内业阶段主要包括三方面的工作：一是整理外业调查原始图件，《农村土地调查记录手簿》等调查资料；二是依据外业调查原始图件和资料，建设农村土地调查数据库，汇总输出土地利用现状图件和各类土地面积统计表；三是编写调查报告，总结经验，提出合理利用土地资源的建议等。

5. 成果检查验收和提交阶段

主要成果包括调查底图及《农村土地调查记录手簿》、各类土地面积数据、土地利用现状图件、土地调查成果分析报告、土地利用数据库。

实验项目二　外业调查

利用 DOM 和已有土地调查成果等资料，按现状实地调查地类及其界线。地类调查至《土地利用现状分类》的二级类。

1. 线状地物调查

线状地物包括河流、铁路、公路、管道用地、农村道路、林带、沟渠和田坎等。

线状地物宽度大于等于图上 2 毫米的，按图斑调查。

线状地物宽度小于图上 2 毫米的，调绘中心线，用单线符号表示，称为单线线状地物（以下未做特别说明的线状地物是指单线线状地物），并按附录三要求在宽度均匀处实地量测宽度，精确至 0.1 米；当宽度变化大于 20% 时，应分段量测宽度。

2. 图斑调查

图斑是指单一地类地块以及被行政界线、土地权属界线或线状地物分割的单一地类地块。

明显界线与 DOM 上同名地物的移位不得大于图上 0.3 毫米，不明显界线不得大于图上 1.0 毫米。

最小上图图斑面积：城镇村及工矿用地为 4 平方毫米，耕地、园地为 6 平方毫米，林地、草地等其他地类为 15 平方毫米。

3. 零星地物调查

零星地物是指耕地中小于最小上图图斑面积的非耕地或非耕地中小于最小上图图斑面积的耕地。零星地物可不调查。对零星地物较多地区，可根据本地区实际情况自行制定具体调查方法，开展调查。

4. 地物补测

补测实地相对 DOM 发生变化的部分。

补测的地物点相对邻近明显地物点距离限差，平地、丘陵地不得大于图上 0.5 毫米，山地不得大于图上 1.0 毫米。

5. 调查底图标绘及手簿填写

外业调查完成后，调查底图应完整标绘全部调查信息，包括地类及其界线、线状地物及宽度、补测地物以及编号和注记等。

编号采用的 ab/c 形式，对地类图斑、线状地物分别按从左到右、自上而下由【1】

顺序编号。补测地物的编号在顺序号前加【B】。a 表示图斑顺序号（在同一调查权属单位内不能重复），b 表示权属性质，即国有（G）或村集体（J），一般村集体（J）可以不标注，c 表示图斑地类编号。图斑的其他属性主要包括坐落、权属单位、权属性质等，记载在《土地调查记录手簿》中。

《农村土地调查记录手簿》（见附录三、附录四）应记载图斑地类、权属，以及有关线状地物权属、宽度等信息。地物补测应绘制草图，并在备注栏予以说明。

实训项目三 创建空间数据库

1. 创建数据库

打开 MapGIS K9 软件，在【GDB 企业管理器】中的【MapGISLocal】上点击鼠标右键，选择【创建数据库】，进行数据库的创建，将数据库命名为命名为【JKGYY2015101501】。

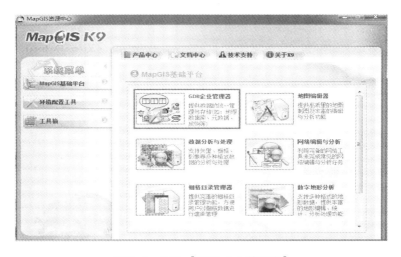

图 2-1 启动【GDB 企业管理器】

图 2-2 选择【创建数据库】

2. 影像转换

在创建的【JKGYY2015101501】数据库上点击鼠标右键→【空间数据】→【栅格数据集】→【导入】→【导入影像】。选择【输入文件类型】为【TIFF 文件】，点击【添加文件】为【H48G057072DOM】.tif，然后点击【转换】进行转换。见图 2-3、图 2-4、图 2-5、图 2-6。

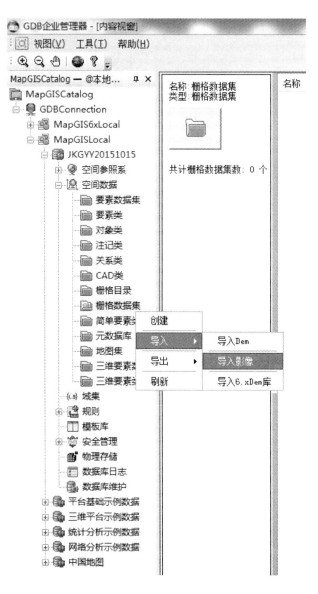

图 2-3　导入影像

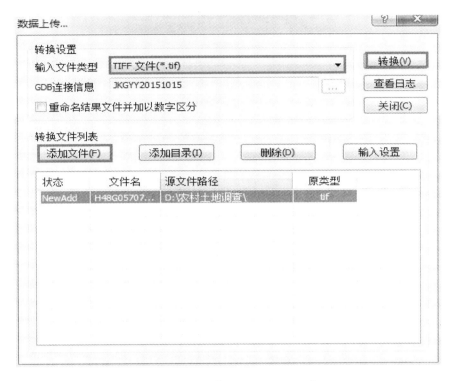

图 2-4 添加【H48G057072DOM】

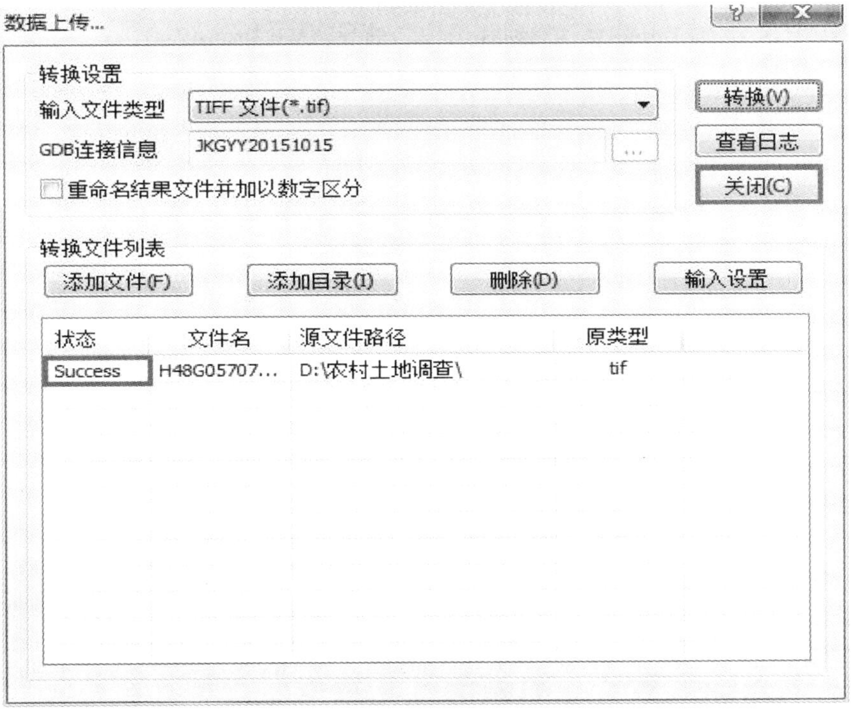

图 2-5 影像导入成功后提示【Success】

图 2-6 【栅格数据集】下可以看到【H48G057072DOM. tif】，说明导入成功

3. 添加图层

打开地图编辑器，在【文档管理】窗口下的【新地图】上点击鼠标右键，选择【添加图层】，在弹出【选择文件或类】窗口时单击【MapGISLocal】图标，找到【JK-GYY2015101501】并双击打开，找到并选中之前导入的【H48G057072DOM】影像将其添加到【地图编辑器中】。见图 2-7。

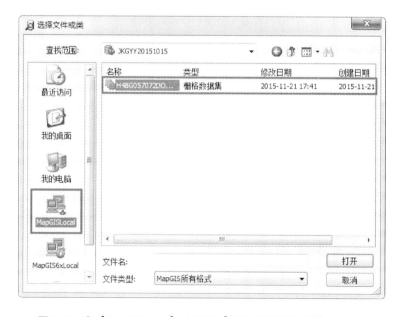

图 2-7　在【MapGISLocal】中找到【H48G057072DOM】并打开

4. 影像校正

（1）使图层处于编辑状态

用鼠标右键点击【H48G057072DOM】图层，然后选择【当前编辑】，使文件处于当前编辑状态。见图 2-8、图 2-9。

图 2-8　选择【当前编辑】，使【H48G057072DOM】图层处于当前编辑状态

图 2-9　图层处于当前编辑状态

（2）开启栅格校正视图

将视图模式由【地图视图】切换到【栅格校正视图】，这时影像没有显示。用鼠

标点击【影像工具条】中的 ▶ 【开始栅格校正】，影像将显示出来。见图 2-10、图 2-11。

图 2-10 切换到栅格校正视图

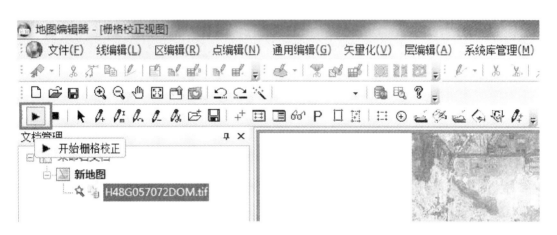

图 2-11 点击【开始栅格校正】，将影像显示在窗口中

（3）生成图幅控制点

用鼠标点击工具栏中的 ⊞ 【图幅生成控制点】，弹出【标准图幅生成控制点…】对话框。用鼠标点击【输入图幅信息】，在弹出的【图幅信息…】对话框中对图幅信息进行完善。见图 2-12、图 2-13、图 2-14。

图 2-12 【图幅生成控制点】，生成图幅控制点

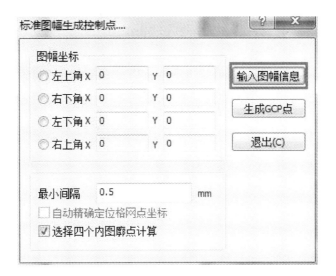

图 2-13 点击【输入图幅信息】

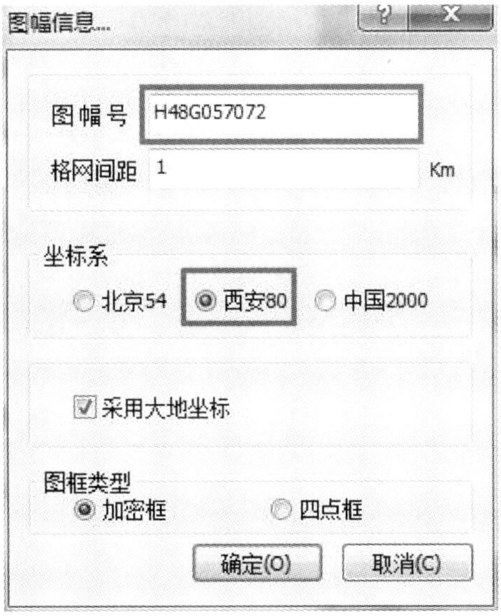

图 2-14 输入图幅号对图幅信息进行完善

点击确定，图幅坐标发生了变化。如图 2-15 所示，然后分别点击图幅坐标；最后点击【生成 GCP 点】，查看残差是不是在允许范围内，见图 2-16。

图 2-15 生成 GCP 点

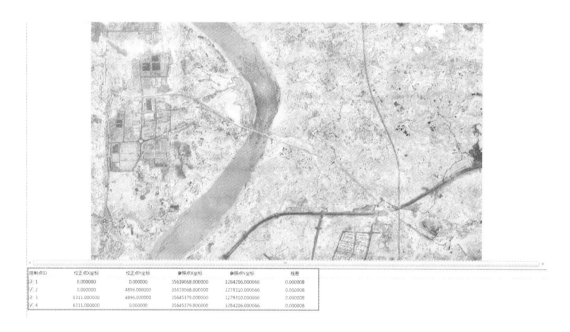

图 2-16 查看残差

　　若残差不在允许范围内，点击工具栏 ⊕ 图标，顺序修改控制点，移动鼠标使十字丝与控制点 1 的那个角重合，然后按空格键进行下一个控制点的修改，修改完成后点击空格键结束。见图 2-17。

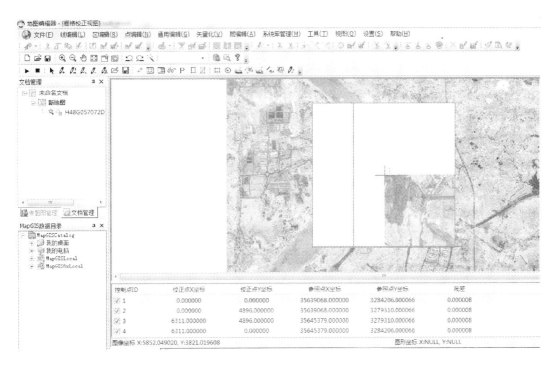

图 2-17　修改控制点

（4）逐格网校正

点击工具栏图标，弹出【另存为】对话框，选择保存位置为【农村土地调查】文件夹，文件名为【校正影像】，点击【保存】。见图 2-18、图 2-19。

图 2-18　点击【逐格网校正】

图 2-19 选择保存位置，输入保存文件名

点击【保存】后出现【变换参数设置】对话框，是图幅的一些参数信息。点击
【确定】进行【逐三角格网校正】，校正完成后出现【逐格网校正完成】对话框时点击
【确定】。见图 2-20、图 2-21、图 2-22。

图 2-20 【变换参数设置】对话框

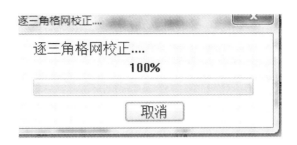

图 2-21　逐三角格网校正

图 2-22　校正完成后出现【逐格网校正完成】对话框时点击【确定】

点击工具栏【结束栅格校正】█ 图标，完成影像校正。出现一个【是否保存控制点文件】提示框，点击【否】。见图 2-23。

图 2-23　点击【结束栅格校正】，完成影像校正

（5）转换【校正后影像】

双击【MapGISLocal】→找到【JKGYY2015101501】，并点击鼠标右键→【导入】→【导入影像】。见图 2-24。

选择【输入文件类型】为【MSI 文件】→【添加文件】→选择上一步保存的【校正影像.msi】→【打开】→【转换】→【关闭】。见图 2-25。

图 2-24 选择【JKGYY2015101501】数据库，准备导入影像

图 2-25 选择【校正影像】，将其导入

实训项目四　创建图例

1. 添加影像

在【地图编辑器】中添加【校正影像.msi】图层，并使其处于当前编辑状态。见图 2-26。

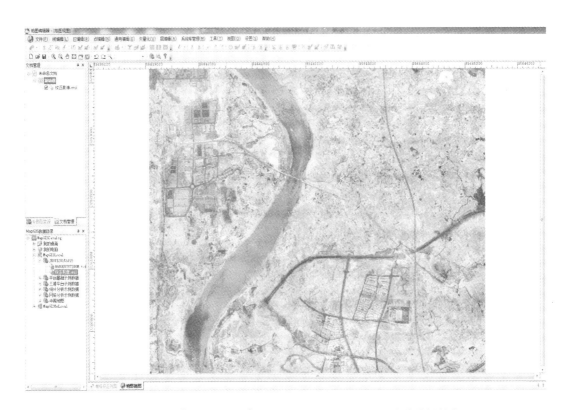

图 2-26　在【地图编辑器】中添加影像，并使其处于当前编辑状态

2. 新建图层

在【新地图】上点击鼠标右键→【新建图层】→【简单要素图层】→输入文件名为【图斑界线】→【确定】→【线类型】，完成之后发现左边的文件管理栏下出现【图斑界线】图层，使其处于编辑状态。见图 2-27、图 2-28。

图 2-27　选择【新建图层】

图 2-28　创建【图斑界线】图层

3. 新建图斑界线图例

在标题栏中选择【视图】→【图例板】，打开【图例板】编辑面板。见图 2-29。

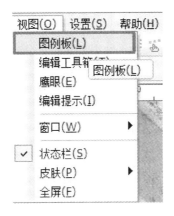

图 2-29　打开【图例板】编辑面板

在出现的【图例板】面板的空白处点击鼠标右键→【开始编辑】。选择【线类型图例】，单击【分类 ID】后面的【…】，打开【修改分类的类型】窗口，开始创建。以新建【工业用地】图斑界线为例，【名称】→【工业用地】，【层号】→【1】；【分类 ID】，【分类码】→【061】，【分类名称】→【工业用地】→【确定】→【添加】→【确定】。见图 2-30、图 2-31、图 2-32、图 2-33。

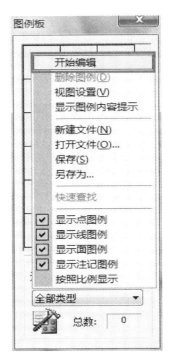

图 2-30　打开【开始编辑】

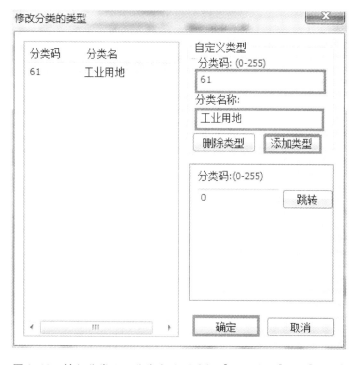

图 2-31　单击【分类 ID】后面的【…】按钮，打开【修改分类的类型】窗口

图 2-32　输入分类码、分类名称后选择【添加类型】后【确定】

图 2-33　选择【添加】，可以看到【工业用地】的图斑界线出现在【图例板】中

重复上述的步骤 3，建立调查范围所涉及其他土地利用类型图例，直接修改【名称】、【图层】、【分类 ID】。为了区分土地类型，可对【线参数】进行设置。见图 2-34。

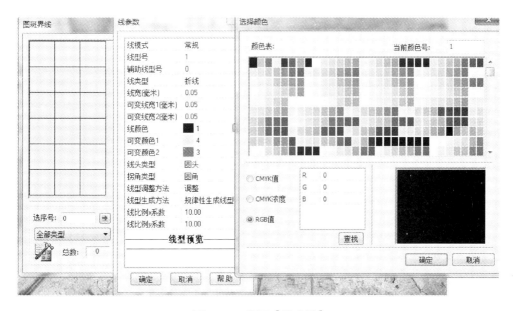

图 2-34　设置【线参数】

把调查范围所涉及的土地类型的图例都建完之后，在图例板对话框中点击鼠标右键→【结束编辑】，然后关闭对话框，关闭时会弹出保存提示，然后将文件命名为【图斑界线图例板】保存到【农村土地调查】文件夹里。见图2-35。

图 2-35　结束线图例板的编辑并保存

参照上述步骤完成公路用地、铁路用地等线状地物图层以及线状地物图例的新建。

实训项目五 矢量化影像

1. 关联图例板

将【图斑界线】图层处于编辑状态，然后在空白处，点击鼠标右键，选择【关联图例板】，找到【农村土地调查】文件夹，打开【图斑界线】图例文件。见图2-36。

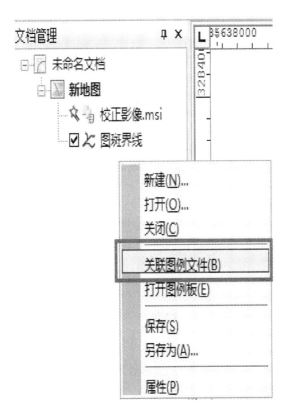

图2-36 关联图例文件

2. 绘制图斑界线

绘制图斑界线时，从选取图例板上选取与利用类型对应的图例。选中图例后，在标题栏的【线编辑】→【输入线】→【造折线】，开始进行绘制。见图2-37。

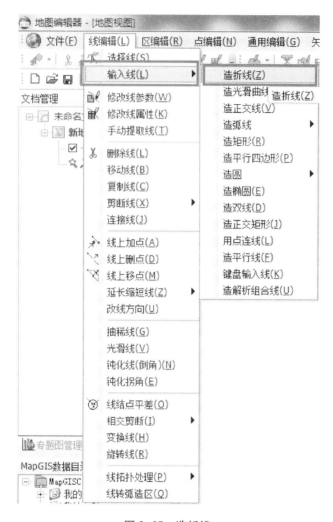

图 2-37   造折线

注意：

①绘制时根据野外调查图纸上的界线进行绘制。

②一条线绘制结束时需要在按住 Ctrl 键点击鼠标右键，实现线段的闭合。

③绘制时，要注意遇线要断点，线与线不能重合、不能相交。

3. 绘制线状地物

绘制线状地物图斑界线时，关闭【图斑界线】图层，使【线状地物】图层处于当前编辑状态，然后关联【线状地物图例】文件进行绘制。见图 2-38。

图 2-38 图斑界线与线状地物绘制完成效果图

实训项目六　线转弧造区

1. 拓扑检查

完成图斑界线绘制之后，先进行【相交剪断】，再进行【拓扑查错】。

（1）【线编辑】→【相交剪断】→【全图自动剪断】；

（2）【线编辑】→【线拓扑处理】→【线拓扑查错】。

如果弹出【拓扑错误信息】提示窗口，则对查出的有误之处进行修改。见图 2-39、图 2-40。

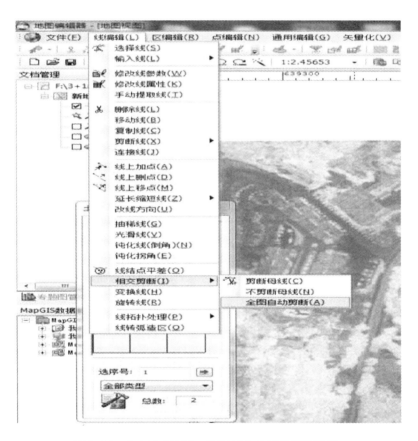

图 2-39　全自动剪断线，可以避免大量的拓扑错误。

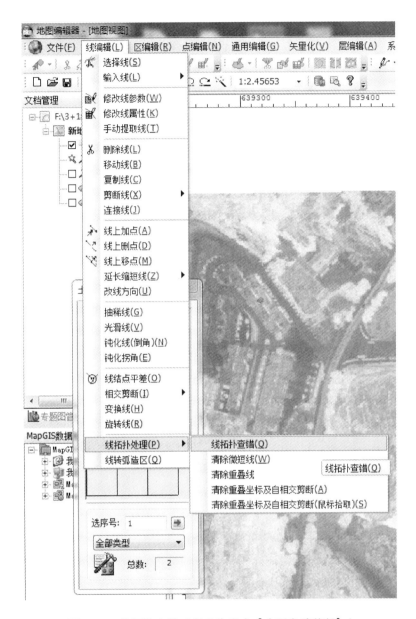

图 2-40　线拓扑查错（务必先完成【全图自动剪断】）

2. 线转弧造区

在拓扑查错没有错误情况下进行拓扑造区，选择【线编辑】→【线转弧造区】（见图 2-41），将转换结果保存为【地类图斑】图层，保存在【JKGYY20151015】数据库中。见图 2-42。

图 2-41 线转弧造区

图 2-42 保存新建的【地类图斑】图层

3. 替换字库和系统库

在【MapGIS 资源中心】选择【环境配置工具】→【客户端环境配置】，打开客户端环境设置，进行【字库配置目录】和【系统库目录】的替换。将下发的 CLIB1 字库、SLIB1 系统库拷贝到 C:\\MapGIS K9 SP3 文件夹里。见图 2-43。

图 2-43 修改字库和系统库

打开地图编辑器，然后在标题栏中选择【设置】→【目录环境】→【环境重置】对话框，对【字库配置目录】和【系统库目录】进行替换，再点击【6x 环境目录】对里面的【字库目录】与【系统目录】也进行替换，点击【确定】。见图 2-44。

图 2-44　修改地图编辑器的目录环境

实训项目七　属性输入

1. 设置属性结构

添加之前做的【地类图斑】图层以进行属性结构的设置，使【地类图斑】图层处于当前编辑状态，单击鼠标右键【地类图斑】→【属性结构设置】，添加字段【图斑编号】、【地类编码】、【地类名称】、【备注】，字段类型都是【字符串】。见图2-45、图2-46。

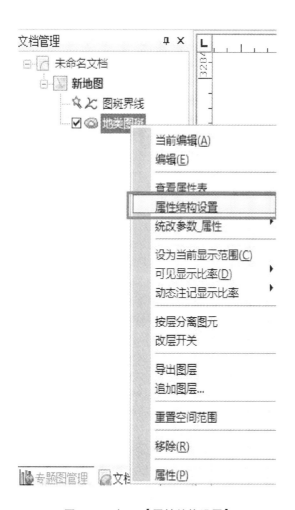

图2-45　打开【属性结构设置】

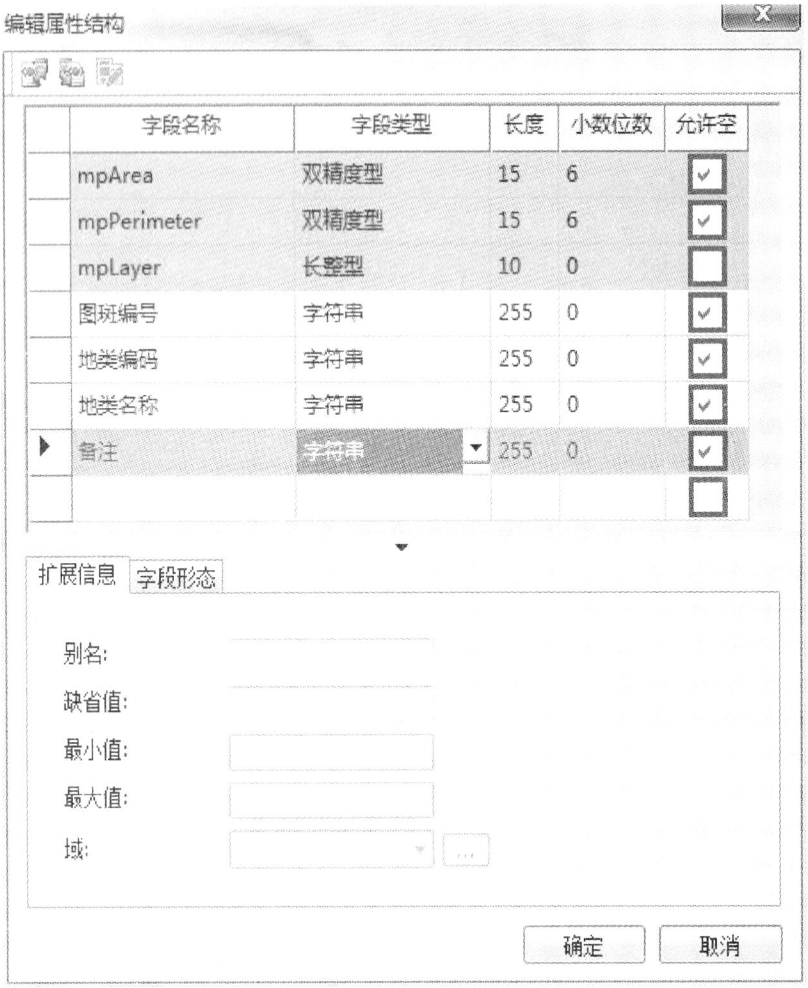

图 2-46　设置属性结构

2. 输入属性

在【地类图斑】图层单击鼠标右键→【查看属性结构表】，弹出【查看属性表】的对话框，去掉左下角的【只读】；然后根据图纸的标注赋属性，注意一定要勾选【图形属性联动】。输入完成后再勾选【只读】就相当于保存了，关闭对话框。见图 2-47、图 2-48。

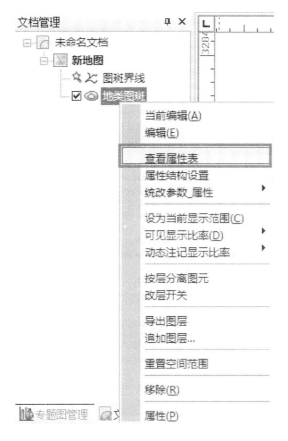

图 2-47 打开属性表

图 2-48 属性表打开效果图

3. 修改图斑参数

在标题栏中选择【区编辑】→【修改区参数】，然后移动鼠标左键选取图斑，结合外业调查工作底图上的土地利用现状，根据《二调地类图式、图例、色标》进行图斑参数修改。见图 2-49、图 2-50。

图 2-49　选择【修改区参数】

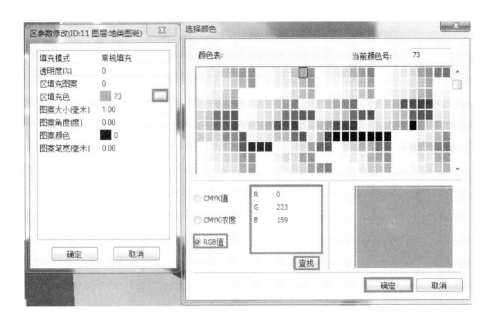

图 2-50　修改区参数

实训项目八 注记添加

1. 创建点注记

【新建图层】→【简单要素图层】，名称【点】，选择【点类型】。见图 2-51。

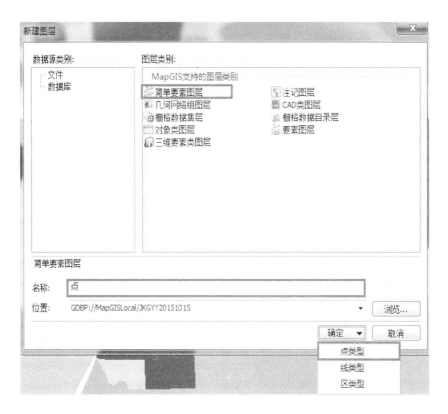

图 2-51

使【点】图层处于当前编辑状态，选择【视图】→【图例板】，在弹出的图例板对话框中点击鼠标右键【新建文件】，会出现一个空白的图例板对话框；在图例板空白处单击鼠标右键，选取【开始编辑】，在右边【图形参数设置】选取【点类型】。每一种图斑都要建立相应的点类型图斑，并按照《二调地类图式、图例、色标》设置其参数并保存。见图 2-52、图 2-53。

图 2-52 创建点图例板

图 2-53 设置点参数

创建好点图例后即可对图斑进行相应点图例绘制，首先使【点】图层处于编辑状态，打开【点图例】进行绘制。选取图例板上的某一种点图例，在标题栏中【点编辑】→【输入子图】→【造子图（参数缺省）】，然后在相应的图斑上单击鼠标左键进行绘制。见图 2-54。

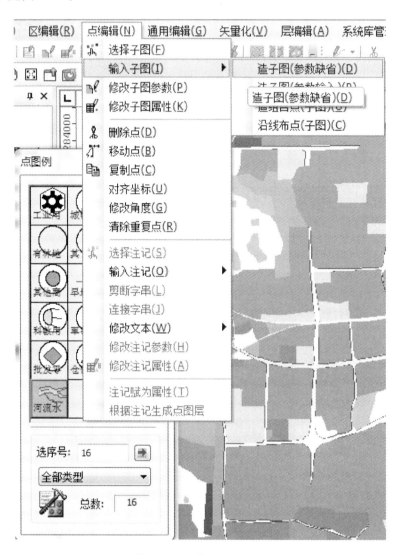

图 2-54　开始点注记绘制

2. 造版面注记

新建一个【注记】图层。【新建图层】→【注记图层】，名称为【注记】。见图 2-55。

图 2-55　创建【注记】图层

实训项目九 成果输出

1. 面积输出

使【地类图斑】图层处于当前编辑状态，右键【地类图斑】→【查看属性表】。见图 2-56。

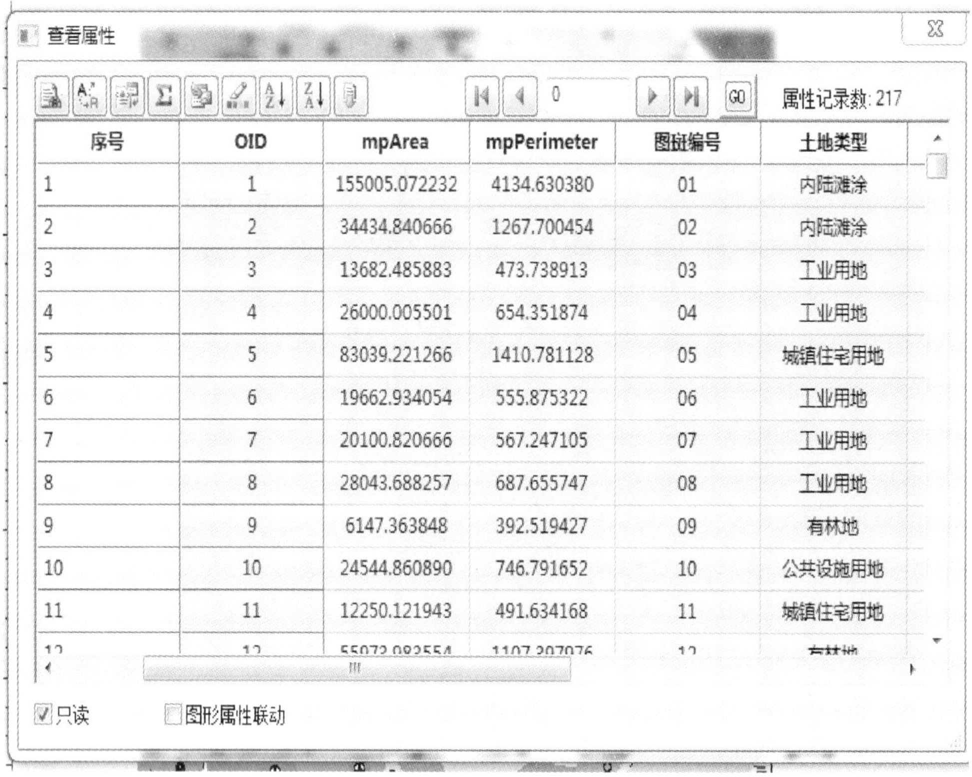

序号	OID	mpArea	mpPerimeter	图斑编号	土地类型
1	1	155005.072232	4134.630380	01	内陆滩涂
2	2	34434.840666	1267.700454	02	内陆滩涂
3	3	13682.485883	473.738913	03	工业用地
4	4	26000.005501	654.351874	04	工业用地
5	5	83039.221266	1410.781128	05	城镇住宅用地
6	6	19662.934054	555.875322	06	工业用地
7	7	20100.820666	567.247105	07	工业用地
8	8	28043.688257	687.655747	08	工业用地
9	9	6147.363848	392.519427	09	有林地
10	10	24544.860890	746.791652	10	公共设施用地
11	11	12250.121943	491.634168	11	城镇住宅用地

图 2-56 打开属性表

浏览【查看属性】对话框，点击【Σ】图标，统计列表。然后弹出一个对话框，勾选【字段信息列表】中的【地类名称】。见图 2-57。

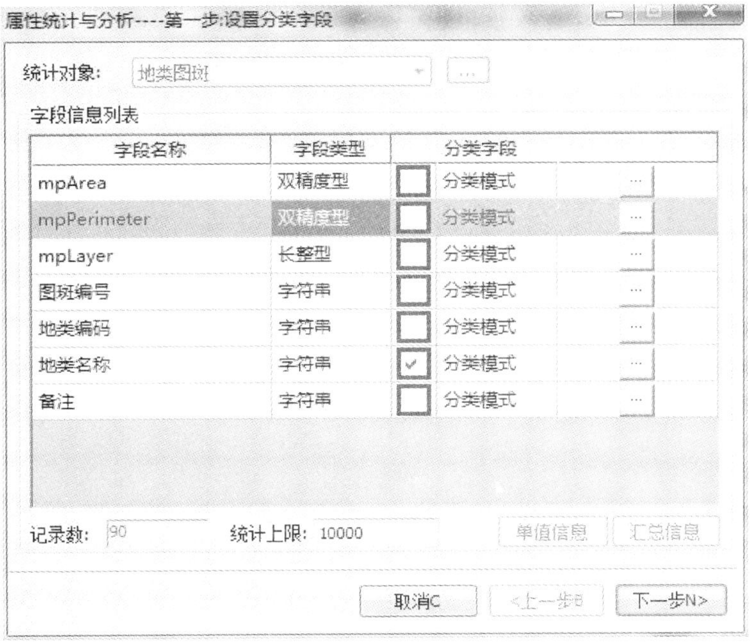

图 2-57　勾选【地类名称】

点击【下一步】又出现一个对话框,点击对话框右上方的【⬛】图标。点击

【统计设置】下方的【⋯】按钮。选择【mpArea(面积)】字段,然后确定。见图 2-58。

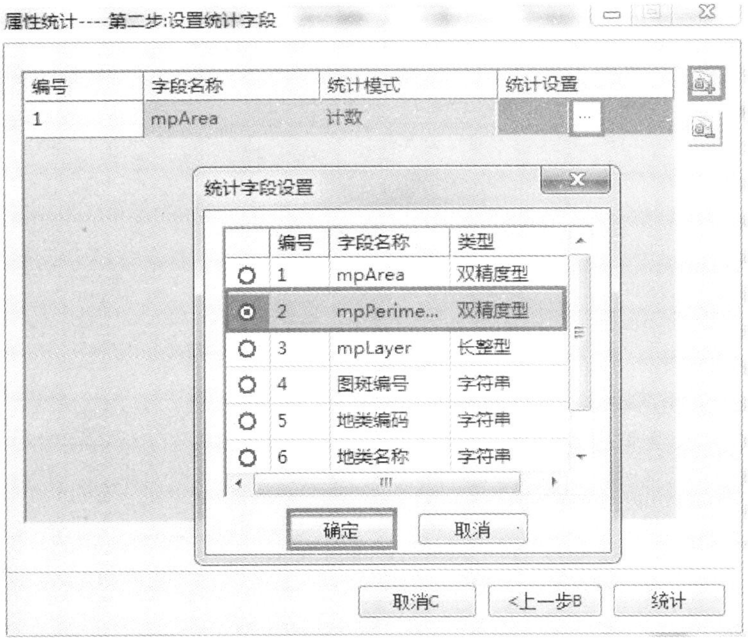

图 2-58　勾选【mpArea(面积)】

　　点击【统计模式】下【计数】出现下拉菜单选择【求和】，如图 2-59 所示。然后点击统计，见图 2-60。

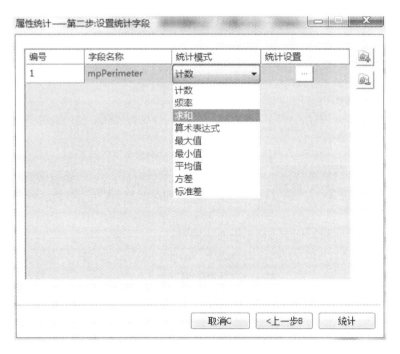

图 2-59

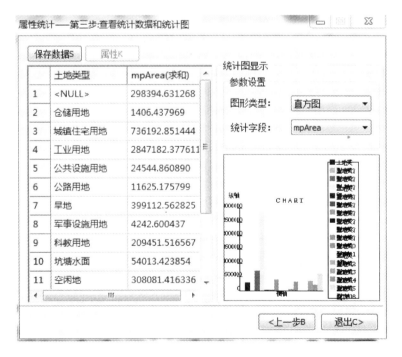

图 2-60

点击【保存数据 S】找到【农村土地调查】文件夹，以文件名【面积统计】进行保存，保存格式为【Microsoft Excel】。

2. 图幅输出打印

【文件】→【打印】，对图幅进行整饰，设置图幅比例、图幅名称、指南针、比例尺、小组成员，最后输出为 jpg 格式。见图 2-61、图 2-62。

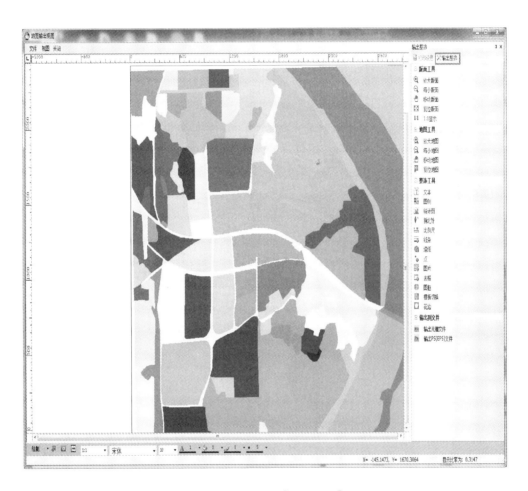

图 2-61　切换到【输出整饰】

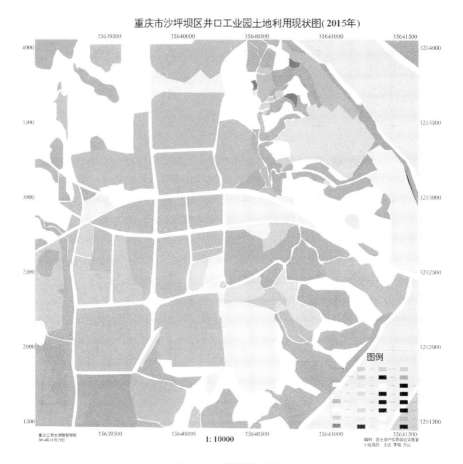

图 2-62 最终效果图

第三章 3 土地利用规划实训

课程编号：Z22007

课程名称：土地利用规划实训

实验总学时数：42 个

适用专业：土地资源管理专业

承担实验室：国土房产信息综合实验室

实训教学的目的和要求

土地利用规划实训的目的在于了解土地利用规划的基本理论与基本方法，利用土地利用规划学的基础知识，进行土地利用总体规划设计，要求达到理论联系实际，并进一步深化土地利用规划学的基本理论与内容的目的。掌握土地利用总体规划的工作程序和工作方法，借助先进的计算机、地理信息系统等手段，进行土地利用规划设计布局的室内外工作。为今后在土地规划、土地管理等岗位上从事土地利用规划的编制和制图工作打下基础。

实验项目一   规划工程的建立

1. 进入【Mapgis 规划辅助编制系统】。

2. 点击【工程管理】→【新建数据字典】→【接收数据字典】→选择【CODE.WB】打开。见图 3-1、图 3-2。

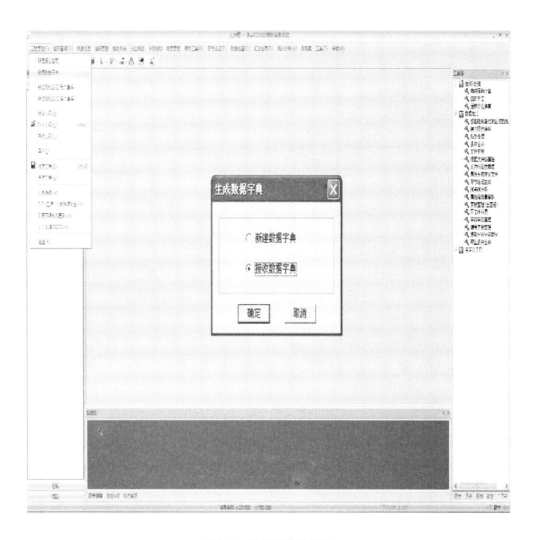

图 3-1   数据字典的接收

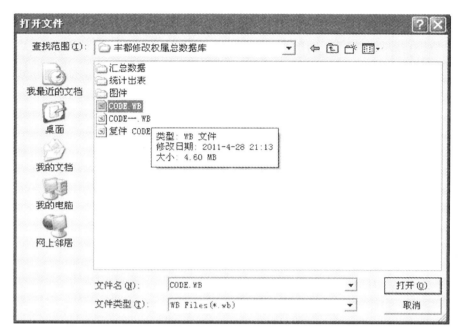

图 3-2 打开 CODE.WB 文件

3. 在权属代码下选择需要规划的乡镇。以丰都县三合镇为例，点击丰都县子目录下的三合镇后，记录下右边栏的乡镇行政代码。见图 3-3。

图 3-3 记录乡镇行政代码

4. 点击【工程管理】→【新建工程】→添加【接合图表】和【数据字典】→确定【图形带号】、【中央经度】和【行政代码】→确定。见图 3-4。

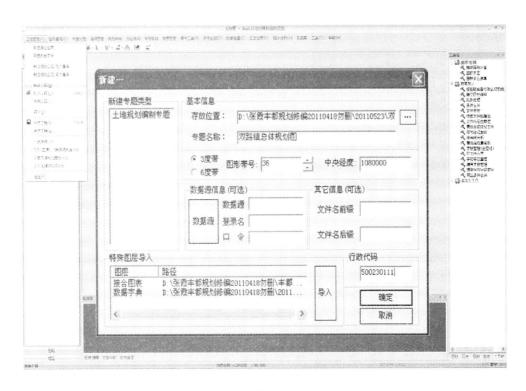

图 3-4　新建土地利用总体规划工程

A. 存放位置：点击图标 选择规划工程文件存放路径。

B. 专题名称：乡镇名+土地利用总体规划。

C. 点选【3 度带】，图形带号中输入【36】，中央经线输入【1080000】。

D. 特殊图层的导入：点击【导入】图标，选择图层【JHTB. WP】导入【接合图表】层，选择图层【CODE. WB】导入【数据字典】层。

E. 在【行政代码】中输入该乡镇的行政区代码。

F. 点击【确认】，即可完成规划工程的建立。

实验项目二 基期数据的转换

1. 基础数据的导入。

在【基础地理】图层里操作：【行政区】处于编辑状态→右键【映射导入】在【丰都权属总数据库】中选择【XZQ. WP】。见图 3-5。

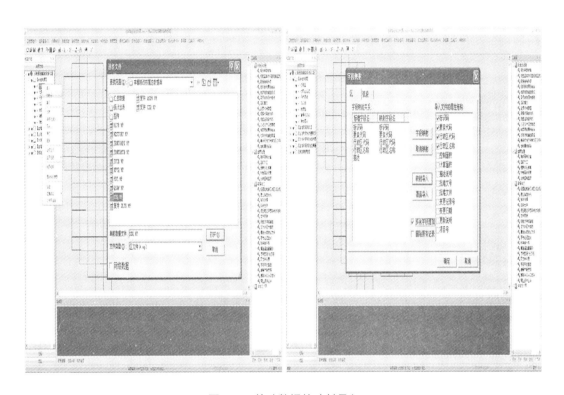

图 3-5 基础数据的映射导入

注：映射导入时，若【标准字段名】和【映射字段名】一一对应，则直接点击【映射导入】，再点确定即可；若【标准字段名】和【映射字段名】不对应时，则点击【字段映射】；同理，导入【坡度图】。

2. 土地利用现状数据的导入。

在【土地利用现状】图层里操作：【现状地类图斑】处于编辑状态→右键【映射导入】，在【丰都权属总数据库→三合镇】下选择【XZDLTB. WP】；同理，导入【现状线状地物】（XZXZDW. WL）和【现状零星地物】（XZLXDW. WT）。

3. 在各要素图层下用鼠标右键点击【图例统改参数】。

4. 在各要素图层下用鼠标右键点击【属性】→使【显示填充色】为开启状态。见图 3-6。

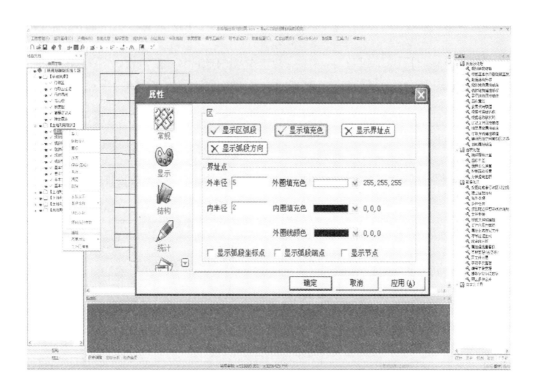

图 3-6　图层颜色的显示

5. 基期数据的导入。

在【土地利用规划基期】图层里操作：【基期地类图斑】处于编辑状态，用鼠标右键单击【映射导入】，选择【JQDLTB. WP】；同理，导入【基期线状地物】（JQXZDW.WL）和【基期零星地物】（JQLXDW.WT）。

6. 规划基期数据的转换：【土地利用规划基期】处于编辑状态，通过右栏【工具箱】中的技术转换工具——【规划基期转换】进行。

实验项目三 规划要素的生成

1. 在【土地利用规划临时层】图层里操作：【规划用途图斑】处于编辑状态，用鼠标右键单击【映射导入】，选择【YTTB.WP】数据。

2. 同理，导入【规划用途线物】和【规划用途零物】。（注：本实验是针对图斑进行规划，因此【规划用途线物】和【规划用途零物】分别使用【JQXZDW.WL】数据和【JQLXDW.WT】数据）

实验项目四   总规图斑的叠加生成

1. 点击菜单栏【规划布局】→【叠加生成总规】→【规划叠加基期】，即可在工程文件中生成总规图斑（ZGTB.WP）。见图 3-7。

图 3-7   叠加生成总规

2. 总规图斑数据的裁剪：点击右栏工具箱中【数据加工】目录下的【根据文件裁剪区】，在出现的对话框中：源文件选择【ZGTB.WP】，分割文件选择【JQDLTB.WP】，单击【确定】。此时将生成一个名为【ZGTB0.WP】的裁剪后的总规图斑数据。见图 3-8。

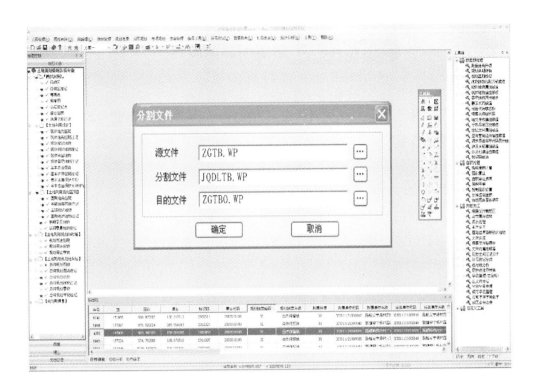

图 3-8 总规图斑的裁剪

3. 拓扑检查: 对裁剪后的【ZGTB0.WP】数据进行拓扑检查, 拓扑查错无误后生成新的总规图斑, 命名为【ZGTB 新.WP】。将【土地利用规划结果层】中的【总体规划图斑】右键【清空】, 映射导入【ZGTB 新.WP】。此时工程文件中的 ZGTB.WP 为重新导入后的文件。

4. 将【土地利用规划结果层】中的【总体规划图斑】右键【清空】, 将【ZGTB0.WP】数据映射导入工程文件中的【总体规划图斑】中。

5. 压缩保存总规图斑。

实验项目五　总规图斑的属性一

1. 使【总体规划线物】处于编辑状态，用鼠标点击右栏工具箱中【数据加工】下的【图斑边界剪断线状地物】，将规划建制镇、公路用地、采矿用地、居民点、旅游用地、水库水面、养殖水面等中的农村道路、农田水利用地线状地物删除（现状中，如果以上线物已经存在，则保留其，不作删除处理）。

2. 用鼠标点击右栏工具箱中【面积处理】下的【椭球面积计算】，字段名称选择【图斑面积】，参数设置中椭球类型选择【西安80】，中央经线填：【1080000】，点击【计算】；面积计算完成后，进行【面积平差】（检查与基期地类图斑的面积总量是否相同）。见图3-9。

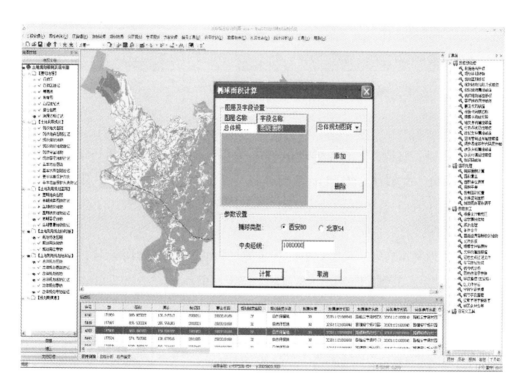

图3-9　总体规划图斑椭球面积的计算

3. 点击菜单栏中【区编辑】目录下的【根据参数赋属性】，除【ID】、【面积】、【周长】、【规划地类编码】这四项以外的其他所有字段打勾，并将所打勾的字段后面的内容全部清空。见图3-10。

图 3-10　清空总规图斑字段属性

4. 将总规图斑处于不可编辑状态，用鼠标点击【根据文件输属性】，【提取属性文件】为基期地类图斑【JQDLTB.WP】，【输入属性文件】为总规图斑【ZGTB.WP】，在【根据空间位置】处打勾，依次录入【权属单位代码】、【权属单位名称】、【坐落单位代码】、【坐落单位名称】字段的属性。

5. 用鼠标点击菜单栏中【编号工具】目录下的【批量生成编号】，勾选【生成总规地类图斑编号】，选择【乡级】为编号的行政级别，【纵向范围】：【10】。见图 3-11。

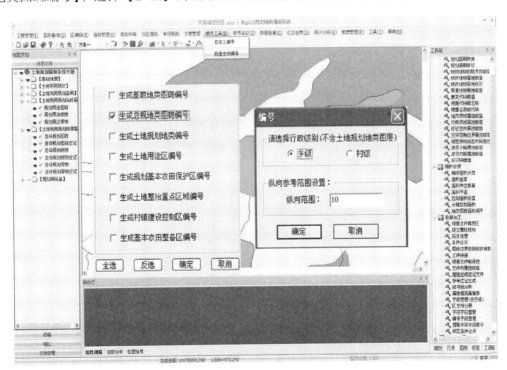

图 3-11　图斑编号的生成

6. 用鼠标点击菜单栏中【坡度管理】目录下的【耕地坡度属性赋值〈坡度图〉】→选择【权重】赋值。

7. 将总规图斑（ZGTB.WP）处于编辑状态，用鼠标点击菜单栏中【区编辑】下的【根据参数赋属性】，将【规划地类代码 = 111 和规划地类名称 = 水田】的耕地类型赋值为【T】（大写）。见图 3-12。

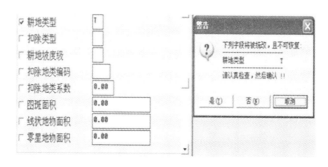

图 3-12　耕地类型字段的属性输入

8. 扣除地类系数属性赋值：用鼠标点击菜单栏中【坡度管理】目录下的【扣除地类系数属性赋值】，选择【总规规划图斑】作为要处理的图层，单击【确定】；将不同坡度级别的【梯田系数】和【坡度系数】赋值：【0-2 度】为【0】和【0】，【2-6 度】为【0.12】和【0.0885】，【6-15 度】为【0.1617】和【0.1336】，【15-25 度】为【0.2013】和【0.1662】，【25 度】以上为【0.1892】和【0.1937】；再用鼠标单击【赋值】和【应用】即可。见图 3-13。

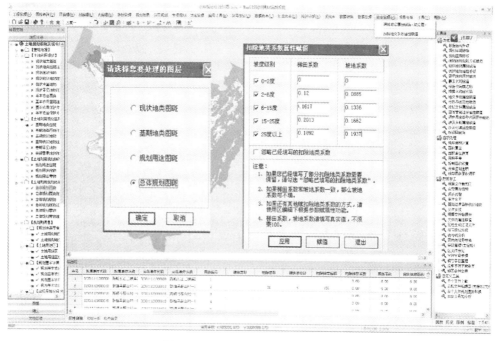

图 3-13　扣除地类系数属性赋值

实验项目六　总规图斑的属性二

1.【总体规划线物】处于编辑状态，点击菜单栏中【线编辑】下的【参数编辑】中的【编辑线属性结构】，将【扣除方式】字段删除，点击【根据参数赋属性】，勾选【扣除比例】，并赋值为【0.5】。见图 3-14。

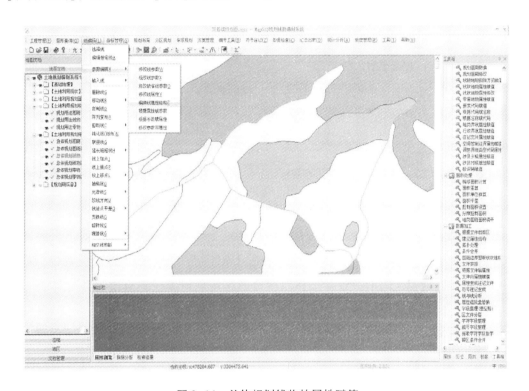

图 3-14　总体规划线物的属性赋值

2. 用鼠标点击右栏工具箱中【面积处理】下的【面积重算】，用鼠标点击右栏工具箱中【数据加工】下的【条件合并】。

　　A. 合并条件：【图斑面积<400】。

　　B. 合并方式：【在符合相等条件的实体之间合并】。

　　C. 相等条件：选择【规划地类编码】、【权属单位代码】、【坐落单位代码】。

　　D. 单击【确定】。

　　E. 在弹出的对话框中【合并时是否考虑线状地物】时，选择【否】。见图 3-15。

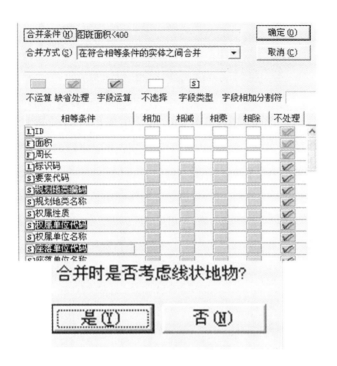

图 3-15　合并小图斑

3. 将处理完小图斑的总规图斑保存压缩后浏览区属性，如果图斑面积仍很小，如为 0.002 或者小于 10 等。其原因有三种：一是【ZGTB.WP】的拓扑检查没做好，需要重做；二是规划地类代码不一致，选择该图斑就将规划地类代码修改为其相邻的规划地类代码，同时注意其权属或坐落单位是否一致；三是规划地类代码一致，但权属或坐落单位代码不一致。这种情况可将其规划地类代码修改为与之相邻的另外地类，但前提是保证规划的整体美观不受影响，尺度自己掌握。检查好后，重新进行小图斑的合并，再进行压缩保存。

实验项目七 土地用途管制区

1. 建立一个面文件（管制区.WP），在属性结构中添加字段【管制区类型代码】，将【允许建设区】、【有条件建设区】、【禁止建设区】的区域都添加到【管制区.WP】文件中，必须保证在【管制区类型代码】这个字段中，它们的属性值分别为【010】、【020】、【040】。

2. 在【Mapgis6.7】平台中进行操作，打开【空间分析】，将制作完成的【管制区.WP】和 ZGTB.WP 进行【相交分析】，相交后的新文件再和 ZGTB.WP 进行【相减分析】，输入模糊半径都为【0.01】。见图 3-16。

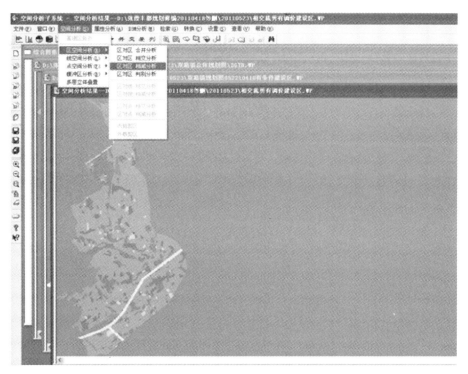

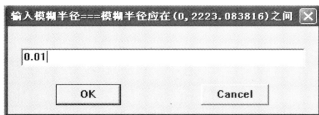

图 3-16 空间分析（相交、相减分析）

3. 打开修编系统软件，将相交分析和相减分析得到的两个结果文件进行拼接。打开软件中右栏工具箱的【文件拼接】→点击【添加文件】添加上述两个文件并选中，可在【结果文件】处设定拼接后的文件名保存为【ZGTB 拼接.WP】，点击【拼接】，然后对拼接后的文件进行拓扑检查。

4. 给总规图斑中的【管制区类型代码】字段赋值。使用【根据文件输属性】命令，将步骤 1 中制作的管制区面文件作为提取属性文件，总规图斑作为输入属性文件，提取字段都是【管制区类型代码】，【根据空间位置】前打勾。另外，此操作一般在关闭工程文件的情况下方可赋值成功。

5. 将其余图斑的【管制区类型代码】全部赋值为【030】。

6. 检查。注意禁止建设区中不能有耕地、园地、居民点、建制镇、坑塘水面等，如存在这种情况，需删除后再与进行相交、相减分析，禁止建设区中一般包括林地、河流水面。有条件建设区内部也不应有基本农田存在。

6. 此时需要对此有关总规图斑的文件进行属性赋值，需进行实验项目五和实验项目六的内容。

实验项目八 土地整治分区

1. 先统计【规划地类编码】为【213' 的图斑地类面积 S_1】，然后结合指标表中规划年居民点数量 S_2，确定需要复垦规模 $S_{fk} = S_1 - S_2$，尽量保证复垦为耕地的数量占 85%，其余复垦为园地、林地，复垦目标地类一般遵循就近原则（此时补充耕地数量为 S_3）。结合指标表中本乡镇补充耕地总量 S_4，可得出土地整理和开发补充的耕地为 $S_5 = S_4 - S_3$。

确定【土地整治区域】，可以县级规划为准，沿该区域进行相应的调整，此时调整原则为耕地集中连片、自然保留地较多的村社为单位进行，一般整治区域为不同社拼接形成连片区域，如果其外围有成片的林地，可将林地去除。

比如整治规划区包括坐落单位名称 = 【××村××社】，整治类型代码 = 05（根据参数赋属性）。该区域尽可能大，区域确定后参数赋属性：土地整治类型代码 == "05" && 规划地类编码 in "11" && 原地类代码 in "11" 将系数增减量设置为 4，同时参数赋属性将规划地类编码 == "311" 的图斑系数增减量设置为 0。

复垦时，注意将规划地类代码、复垦字段都要进行调整，如复垦为耕地，则规划地类代码 == 113，复垦 == 113，以便后面的操作。开发则是将整治区域内的面积较大的自然保留地开发为规划地类代码 == 113、开发 = 113。

以上操作进行完后，重新进行【坡度值赋值】、【扣除地类系数赋值】。

2. 赋值土地整治点击右栏工具箱中的【属性值批量替换】→选择文件为【ZGTB. WP】→选择【区】和【扣除地类系数】，处理方式为【属性值计算方式统改】→表达式为【扣除地类系数－系数增减量】。见图 3-17。

图 3-17 属性值批量替换

3. 计算新的耕地净面积。用鼠标点击【面积重算】，有必要时还要进行【椭球面积计算】。

4. 计算土地整治过程中补充耕地数量。点击右栏工具箱中的【属性值批量替换】→选择文件为【ZGTB. WP】→选择【区】和【耕地补充面积】→处理方式为【属性值计算方式统改】→表达式为【耕地补充面积-基期系数净面积】。

5. 检查。在【属性】中查看耕地补充量，结果应不小于 S_4。

6. 将涉及建设用地整理图斑的【土地整治类型代码】字段赋值为【01】。

7. 将涉及农用地整理图斑的【土地整治类型代码】字段赋值为【02】。

8. 将涉及土地复垦图斑的【土地整治类型代码】字段赋值为【03】。

9. 将涉及土地开发图斑的【土地整治类型代码】字段赋值为【04】。

实验项目九　土地用途分区

采用【根据参数赋属性】，在【土地用途区类型代码】字段后赋值。赋值规则如下：

1. 基本农田保护区：【是否划入基本农田】为【Y】的图斑赋值为【010】。

2. 一般农地区：耕地扣除划入基本农田、园地、其他农用地（如【坑塘水面、设施农用地等】）相关的图斑赋值为【020】。

3. 城镇建设用地区：【现状建制镇】、【新增建制镇】、【城镇有条件建设区】相关的图斑赋值为【030】。

4. 村镇建设用地区：【现状居民点】、【新增居民点】、【村镇有条件建设区】相关的图斑赋值为【040】（不包括复垦、建设占用区域）。

5. 独立工矿区：规划地类名称为【采矿用地】、【其他独立建设用地】的图斑赋值为【050】。

6. 风景旅游用地区：规划地类名称为【风景旅游用地】赋值为【060】。

7. 生态环境安全控制区：可把河流水面、禁止建设区赋值为【070】。

8. 自然与文化遗产保护区：与其相关的图斑区域赋值为【080】。

9. 林业用地区：【林地】赋值【090】。

10. 牧业用地区：主要将规划地类名称为【牧草地】的图斑赋值为【100】。

11. 其他用地区：其余图斑为其他用地区，赋值为【990】。

实验项目十 提取专题图

1. 打开修编软件，【分区规划】—【批量生成各分区】，选择【土地用途区】、【建设用地管制区】、【基本农田保护区】等，如图 3-18 所示。

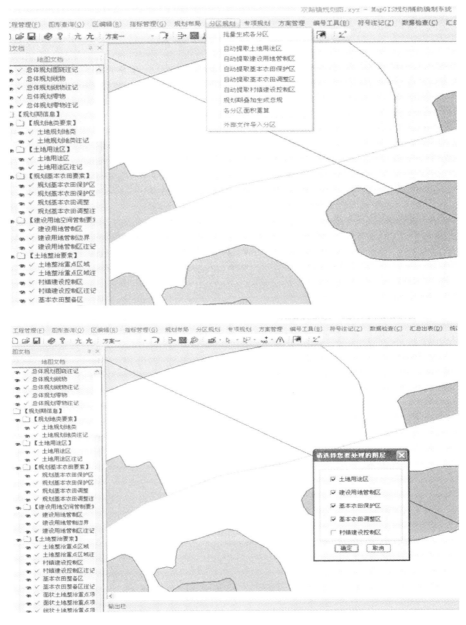

图 3-18 批量生成各分区图

2.【专项规划】—【批量生成专项规划图层】，选择为【土地整治重点项目图层】、
【重点建设项目图层】，如图 3-19 所示。

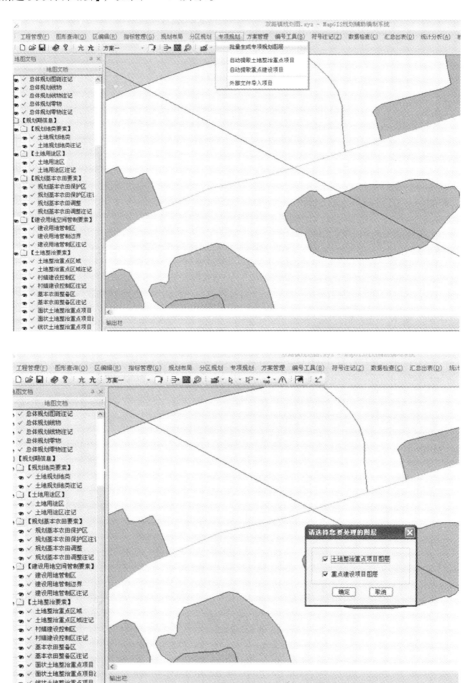

图 3-19　批量生成专项规划图层

3.【专项规划】—【自动提取土地整治重点项目】，如图3-20所示。

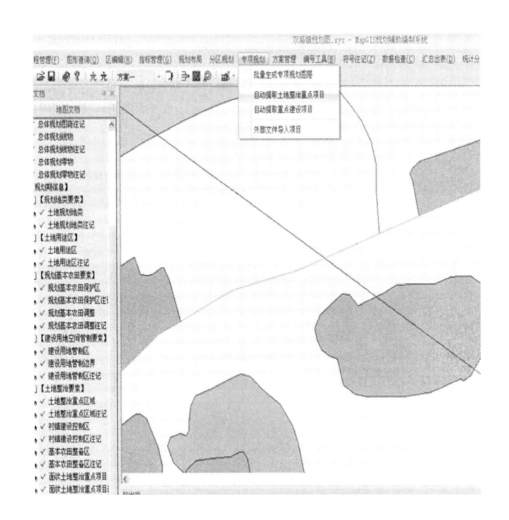

图3-20 提取土地整治重点项目

4.【编号工具】—【批量生成编号】，选择为【生成土地规划地类编号】、【生成土地用途区编号】、【生成规划基本农田保护区编号】、【生成土地整治重点区域编号】等，如图3-21所示。

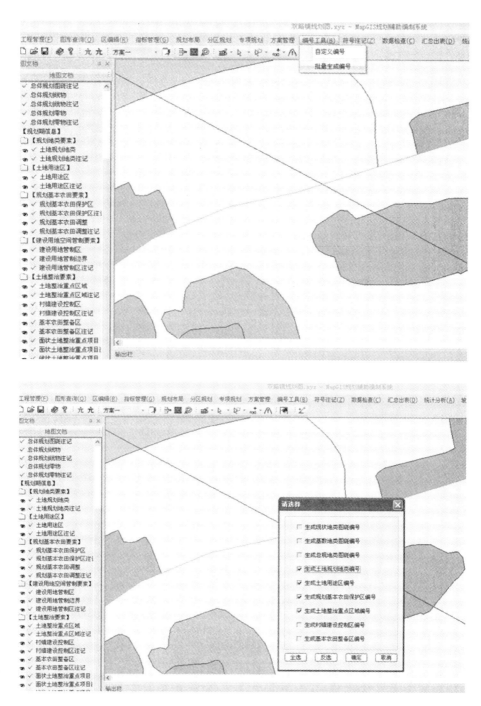

图 3-21 批量生成编号

6. 【分区规划】—【各分区面积量算】，设置如图 3-22、图 3-23 所示。

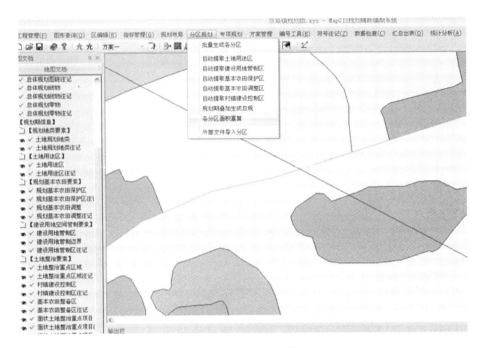

图 3-22　各分区面积量算（a）

图 3-23　各分区面积量算（b）

7. 在工具箱中，一次操作【空间管制边界属性赋值】、【调整界线类型代码属性】、【涉及乡镇属性赋值】、【涉及村镇属性赋值】。见图 3-24。

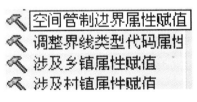

图 3-24　相关属性赋值

实验项目十一　出图与数据

1.【辖区】—【重庆市—丰都县—××街道（镇、乡）】，右键，设置如图 3-25 所示。依次选择【输出土地利用现状图】、【输出土地利用总体规划图（用途）】、【输出建设用地管制与基本农田保护图】、【输出土地整治图】等。根据实际情况设置内容。

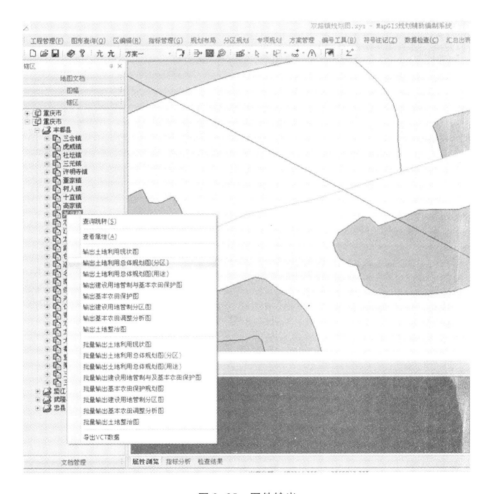

图 3-25　图件输出

2. 图件整饰。每一组图都要整饰，内容包括加政府所在地的五角星、添加延伸境界线、添加延伸境界乡镇的名称、字体大小修改、要素位置美化等。

3. 获取数据。【汇总出表】—【数据汇总】，如图 3-26 所示。

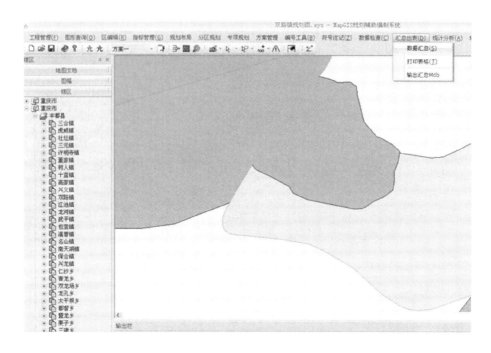

图 3-26　数据汇总

3. 打印数据表格。【汇总出表】—【打印表格】，如图 3-27 所示。

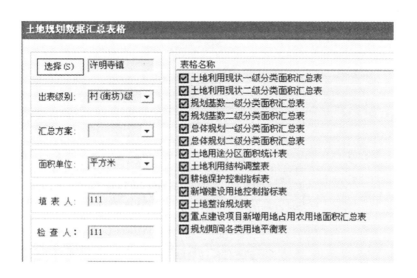

图 3-27　打印数据表格

4. 撰写规划文本。

参考文献

［1］中央政府门户网站. 第二次全国土地调查总体方案 ［EB/OL］. http://www. gov.cn/jrzg/2007-06/26/content_662918.htm，2007-06-26.

［2］中国国家标准化管理委员会. TD/T 1014-2007：第二次全国土地调查技术规程 ［S］. 北京：中国标准出版社，2007.

［3］中国国家标准化管理委员会. GB/T21010-2007：土地利用现状分类 ［S］. 北京：中国标准出版社，2007.

［4］中国国家标准化管理委员会. TD/T 1016-2007：土地利用数据库标准 ［S］. 北京：中国标准出版社，2007.

［5］重庆市璧山区国土资源和房屋管理局. 重庆市第二次土地调查技术细则 ［EB/OL］. http://bsgtfw.cqgtfw.gov.cn/html/zxzt/zxgz/drctddc/09/09/3928.html，2009-09-11.

［6］方斌，乔伟峰，王亚华，等. 土地管理专业实习教程 ［M］. 北京：科学出版社，2012.

［7］中国国家标准化管理委员会. TD/T 1022-2009：乡（镇）土地利用总体规划制图规范 ［S］. 北京：中国标准出版社，2009.

［8］中国国家标准化管理委员会. TD/T 1024-2010：县级土地利用总体规划编制规程 ［S］. 北京：中国标准出版社，2010.

［9］中国国家标准化管理委员会. TD/T 1025-2010：乡（镇）土地利用总体规划编制规程 ［S］. 北京：中国标准出版社，2010.

［10］中国国家标准化管理委员会. TD/T 1026-2010：乡（镇）土地利用总体规划数据库标准 ［S］. 北京：中国标准出版社，2010.

［11］中国国家标准化管理委员会. TD/T 1027-2010：县级土地利用总体规划数据库标准 ［S］. 北京：中国标准出版社，2010.

［12］中国国家标准化管理委员会. TD/T 1028-2010：市（地）土地利用总体规划数据库标准 ［S］. 北京：中国标准出版社，2010.

附 录

附录一

城镇地籍测量实训记录报告

系（部）：_____

专　　业：_____

班　　级：_____

组员姓名：_____

指导教师：_____

年　 月　 日（大写）

地籍测量记录表

一、测量步骤记录

二、测量草图绘制

三、测量数据记录

测站 __1__ 标识符 _cz_ 测站坐标： _____ _____ 后视坐标： _____ _____	碎步数据：测量者_____记录_____扶尺_____				
	点号		1	2	3
	坐标	N			
		E			
	点号		4	5	6
	坐标	N			
		E			

测站 _____ 标识符 _cz_ 测站坐标： _____ _____ 后视坐标： _____ _____	碎步数据：_____记录_____扶尺_____				
	点号				
	坐标	N			
		E			
	点号				
	坐标	N			
		E			

附录二 第二次全国土地调查土地分类系统

一级类		二级类		含义
编码	名称	编码	名称	
01	耕地			指种植农作物的土地，包括熟地，新开发、复垦、整理地，休闲地（含轮歇地、轮作地）；以种植农作物（含蔬菜）为主，间有零星果树、桑树或其他树木的土地；平均每年能保证收获一季的已垦滩地和海涂。耕地中包括南方宽度<1 米，北方宽度<2 米固定的沟、渠、路和田坎（埂）；临时种植药材、草皮、花卉、苗木等的耕地，以及其他临时改变用途的耕地。
		011	水田	指用于种植水稻、莲藕等水生农作物的耕地，包括实行水生、旱生农作物轮种的耕地。
		012	水浇地	指有水源保证和灌溉设施，在一般年景能正常灌溉，种植旱生农作物的耕地，包括种植蔬菜的非工厂化的大棚用地。
		013	旱地	指无灌溉设施，主要靠天然降水种植旱生农作物的耕地，包括没有灌溉设施，仅靠引洪淤灌的耕地。
02	园地			指种植以采集果、叶、根、茎、汁等为主的集约经营的多年生木本和草本作物，覆盖度大于 50% 或每亩株数大于合理株数 70% 的土地，包括用于育苗的土地。
		021	果园	指种植果树的园地。
		022	茶园	指种植茶树的园地。
		023	其他园地	指种植桑树、橡胶、可可、咖啡、油棕、胡椒、药材等其他多年生作物的园地。
03	林地			指生长乔木、竹类、灌木的土地，以及沿海生长红树林的土地，包括迹地，不包括居民点内部的绿化林木用地、铁路、公路征地范围内的林木，以及河流、沟渠的护堤林。
		031	有林地	指树木郁闭度≥0.2 的乔木林地，包括红树林地和竹林地。
		032	灌木林地	指灌木覆盖度≥30% 的林地。
		033	其他林地	包括疏林地、未成林地、迹地、苗圃等林地。
04	草地			指以生长草本植物为主的土地。
		041	天然牧草地	指以天然草本植物为主，用于放牧或割草的草地。
		042	人工牧草地	指人工种植牧草的草地。
		043	其他草地	指树木郁闭度<0.1，表层为土质，以生长草本植物为主，不用于畜牧业的草地。

续表

一级类		二级类		含义
编码	名称	编码	名称	
05	商服用地			指主要用于商业、服务业的土地。
		051	批发零售用地	指主要用于商品批发、零售的用地，包括商场、商店、超市、各类批发（零售）市场，加油站等及其附属的小型仓库、车间、工场等的用地。
		052	住宿餐饮用地	指主要用于提供住宿、餐饮服务的用地，包括宾馆、酒店、饭店、旅馆、招待所、度假村、餐厅、酒吧等。
		053	商务金融用地	指企业、服务业等办公用地，以及经营性的办公场所用地，包括写字楼、商业性办公场所、金融活动场所和企业厂区外独立的办公场所等用地。
		054	其他商服用地	指上述用地以外的其他商业、服务业用地，包括洗车场、洗染店、废旧物资回收站、维修网点、照相馆、理发美容店、洗浴场所等用地。
06	工矿仓储用地			指主要用于工业生产、物资存放场所的土地。
		061	工业用地	指工业生产及直接为工业生产服务的附属设施用地。
		062	采矿用地	指采矿、采石、采砂（沙）场，盐田，砖瓦窑等地面生产用地及尾矿堆放地。
		063	仓储用地	指用于物资储备、中转的场所用地。
07	住宅用地			指主要用于人们生活居住的房基地及其附属设施的土地。
		071	城镇住宅用地	指城镇用于生活居住的各类房屋用地及其附属设施用地，包括普通住宅、公寓、别墅等用地。
		072	农村宅基地	指农村用于生活居住的宅基地。
08	公共管理与公共服务用地			指用于机关团体、新闻出版、科教文卫、风景名胜、公共设施等的土地。
		081	机关团体用地	指用于党政机关、社会团体、群众自治组织等的用地。
		082	新闻出版用地	指用于广播电台、电视台、电影厂、报社、杂志社、通讯社、出版社等的用地。
		083	科教用地	指用于各类教育，独立的科研、勘测、设计、技术推广、科普等的用地。
		084	医卫慈善用地	指用于医疗保健、卫生防疫、急救康复、医检药检、福利救助等的用地。
		085	文体娱乐用地	指用于各类文化、体育、娱乐及公共广场等的用地。
		086	公共设施用地	指用于城乡基础设施的用地，包括给排水、供电、供热、供气、邮政、电信、消防、环卫、公用设施维修等用地。
		087	公园与绿地	指城镇、村庄内部的公园、动物园、植物园、街心花园和用于休憩及美化环境的绿化用地。
		088	风景名胜设施用地	指风景名胜（包括名胜古迹、旅游景点、革命遗址等）景点及管理机构的建筑用地。景区内的其他用地按现状归入相应地类。

一级类		二级类		含义
编码	名称	编码	名称	
09	特殊用地			指用于军事设施、涉外、宗教、监教、殡葬等的土地。
		091	军事设施用地	指直接用于军事目的的设施用地。
		092	使领馆用地	指用于外国政府及国际组织驻华使领馆、办事处等的用地。
		093	监教场所用地	指用于监狱、看守所、劳改场、劳教所、戒毒所等的建筑用地。
		094	宗教用地	指专门用于宗教活动的庙宇、寺院、道观、教堂等宗教自用地。
		095	殡葬用地	指陵园、墓地、殡葬场所用地。
10	交通运输用地			指用于运输通行的地面线路、场站等的土地，包括民用机场、港口、码头、地面运输管道和各种道路用地。
		101	铁路用地	指用于铁道线路、轻轨、场站的用地，包括设计内的路堤、路堑、道沟、桥梁、林木等用地。
		102	公路用地	指用于国道、省道、县道和乡道的用地，包括设计内的路堤、路堑、道沟、桥梁、汽车停靠站、林木及直接为其服务的附属用地。
		103	街巷用地	指用于城镇、村庄内部公用道路（含立交桥）及行道树的用地，包括公共停车场、汽车客货运输站点及停车场等用地。
		104	农村道路	指公路用地以外的南方宽度≥1米、北方宽度≥2米的村间、田间道路（含机耕道）。
		105	机场用地	指用于民用机场的用地。
		106	港口码头用地	指用于人工修建的客运、货运、捕捞及工作船舶停靠的场所及其附属建筑物的用地，不包括常水位以下部分。
		107	管道运输用地	指用于运输煤炭、石油、天然气等管道及其相应附属设施的地上部分用地。
11	水域及水利设施用地			指陆地水域、海涂、沟渠、水工建筑物等用地，不包括滞洪区和已垦滩涂中的耕地、园地、林地、居民点、道路等用地。
		111	河流水面	指天然形成或人工开挖河流常水位岸线之间的水面，不包括被堤坝拦截后形成的水库水面。
		112	湖泊水面	指天然形成的积水区常水位岸线所围成的水面。
		113	水库水面	指人工拦截汇集而成的总库容≥10万立方米的水库正常蓄水位岸线所围成的水面。
		114	坑塘水面	指人工开挖或天然形成的蓄水量<10万立方米的坑塘常水位岸线所围成的水面。
		115	沿海滩涂	指沿海大潮高潮位与低潮位之间的潮浸地带，包括海岛的沿海滩涂，不包括已利用的滩涂。

一级类		二级类		含义
编码	名称	编码	名称	
11	水域及水利设施用地	116	内陆滩涂	指河流、湖泊常水位至洪水位间的滩地；时令湖、河洪水位以下的滩地；水库、坑塘的正常蓄水位与洪水位间的滩地。内陆滩涂包括海岛的内陆滩地，不包括已利用的滩地。
		117	沟渠	指人工修建，南方宽度≥1米、北方宽度≥2米用于引、排、灌的渠道，包括渠槽、渠堤、取土坑、护堤林。
		118	水工建筑用地	指人工修建的闸、坝、堤路林、水电厂房、扬水站等常水位岸线以上的建筑物用地。
		119	冰川及永久积雪	指表层被冰雪常年覆盖的土地。
12	其他土地			指上述地类以外的其他类型的土地。
		121	空闲地	指城镇、村庄、工矿内部尚未利用的土地。
		122	设施农用地	指直接用于经营性养殖的畜禽舍、工厂化作物栽培或水产养殖的生产设施用地及其相应附属用地，农村宅基地以外的晾晒场等农业设施用地。
		123	田坎	主要指耕地中南方宽度≥1米，北方宽度≥2米的地坎。
		124	盐碱地	指表层盐碱聚集，生长天然耐盐植物的土地。
		125	沼泽地	指经常积水或渍水，一般生长沼生、湿生植物的土地。
		126	沙地	指表层为沙覆盖、基本无植被的土地，不包括滩涂中的沙地。
		127	裸地	指表层为土质，基本无植被覆盖的土地，或表层为岩石、石砾，其覆盖面积≥70%的土地。

附录三　农村土地调查记录表（图斑）

行政村名称：　　　　　　　　　　　　　　　　　　第　页，共　页

序号	图幅号	图斑预编号	图斑编号	地类编码	权属单位	权属性质	耕地类型	备注
1	2	3	4	5	6	7	8	9
草图								

调查人：　　　　　调查日期：　　　　　检查人：　　　　　调查日期：

填表说明：

1. 调查底图上无法完整表示内容的图斑以及补测地物应填写本表，其他图斑视情况填写；

2. 1 栏填写顺序号；

3. 2 栏填写图斑所在图幅编号；

4. 3 栏填写外业调查时图斑的临时编号；

5. 4 栏填写数据库建成后图斑编号；

6. 5 栏填写图斑地类编码；

7. 6 栏填写图斑所属的权属单位名称；

8. 7 栏填写 G（国有）或 J（集体）；

9. 8 栏仅填写梯田耕地，用 T 表示；

10. 9 栏填写需要备注的内容；

11. 草图栏，当图斑为补测地物时，必须绘图斑草图。

附录四 农村土地调查记录手表 (线状地物)

行政村名称： 　　　　　　　　　　　　　　　单位：米　　　第　　页，共　　页

序号	图幅号	预编号	编号	地类编码	权属单位	权属性质	宽度	比例	备注
1	2	3	4	5	6	7	8	9	10
草图									

调查人：　　　　　调查日期：　　　　　检查人：　　　　　调查日期：

填表说明：

1. 调查底图上无法完整表示内容的线状地物以及补测线状地物应填写本表，其他视情况填写；

2. 1 栏填写线状地物顺序号；

3. 2 栏填写线状地物所在图幅编号；

4. 3 栏填写外业调查时线状地物的临时编号；

5. 4 栏填写数据库建成后线状地物编号；

6. 5 栏填写线状地物地类编码；

7. 6 栏填写线状地物所属的权属单位名称。当线状地物与权属界线重合时，应分别填写相邻权属单位名称；

8. 7 栏填写 G（国有）或 J（集体）；

9. 8 栏填写线状地物实地量测的完整宽度；

10. 当线状地物与权属界线重合时，9 栏填写本权属单位内的线状地物宽度占完整宽度比例；

11. 10 栏填写需要备注的内容；

12. 草图栏补测的线状地物必须绘草图，其他可视情况绘制。